LES

# DÉVIATIONS MORBIDES

DU

## SENTIMENT RELIGIEUX

A L'ORIGINE ET AU COURS DE LA PSYCHASTHÉNIE

> « Le sentimer' du péché renferme sans doute
> un élément très respectable, le scrupule, la
> conscience endolorie et troublée au moindre
> écart de son idéal ; mais il ne faut pas que cette
> douleur intense grandisse au point d'emplir la
> vie entière et de donner naissance à un vrai
> pessimisme moral..... »
> « ... S'il est bon de se défier de soi, il est bon
> aussi de croire en ses propres forces ; le senti-
> ment trop intense du péché peut arriver à une
> sorte de paralysie morale. »
>
> GUYAU. *Education et hérédité.*

PAR

### Le Docteur Louis GARBAN

DE LA FACULTÉ DE MÉDECINE DE PARIS

ANCIEN EXTERNE DES HOPITAUX DE PARIS

MÉDAILLE DE BRONZE DE L'ASSISTANCE PUBLIQUE

PARIS

VIGOT FRÈRES, ÉDITEURS

23, PLACE DE L'ÉCOLE-DE-MÉDECINE, 23

—

1911

LES

# DÉVIATIONS MORBIDES

DU

## SENTIMENT RELIGIEUX

### A L'ORIGINE ET AU COURS DE LA PSYCHASTHÉNIE

# LES
# DÉVIATIONS MORBIDES
## DU
## SENTIMENT RELIGIEUX
### A L'ORIGINE ET AU COURS DE LA PSYCHASTHÉNIE

« Le sentiment du péché renferme sans doute un élément très respectable, le scrupule, la conscience endolorie et troublée au moindre écart de son idéal ; mais il ne faut pas que cette douleur intense grandisse au point d'emplir la vie entière et de donner naissance à un vrai pessimisme moral..... »

« ... S'il est bon de se défier de soi, il est bon aussi de croire en ses propres forces ; le sentiment trop intense du péché peut arriver à une sorte de paralysie morale. »

GUYAU. *Education et hérédité*

PAR

## Le Docteur Louis GARBAN

DE LA FACULTÉ DE MÉDECINE DE PARIS

ANCIEN EXTERNE DES HOPITAUX DE PARIS

MÉDAILLE DE BRONZE DE L'ASSISTANCE PUBLIQUE

## PARIS

### VIGOT FRÈRES, ÉDITEURS

23, PLACE DE L'ÉCOLE-DE-MÉDECINE, 23

1911

A MON PÈRE



A MA MÈRE



A MES FRERES



A MES AMIS

A MON PRÉSIDENT DE THÈSE

# MONSIEUR LE PROFESSEUR DÉJERINE

Professeur à la Faculté de Médecine
Médecin des Hôpitaux
Membre de l'Académie de Médecine

# AVANT-PROPOS

*Il souffle un vent de matérialisme simpliste et irréfléchi au-dessus de la génération actuelle des étudiants en médecine et des praticiens. Beaucoup, pour n'y avoir jamais pénétré, considèrent avec dédain et mépris nos hospices de nerveux, nos asiles d'aliénés, tels que la Salpêtrière ou Sainte-Anne. « Ce sont là, pensent-ils, des refuges pour des malades inguérissables. — Et d'ailleurs, s'empressent-ils d'ajouter, à des maladies sans lésions, que faire ? — Sur quel organe porter nos coups décisifs ? — Limitons notre action, — c'est leur conclusion, — aux affections organiques. — Nous peinons déjà beaucoup à poser un diagnostic ferme et justifié pour ce qui est d'une maladie d'un de nos viscères. Qu'avons-nous à traiter les psychoses ou les psychonévroses, puisqu'ici le cerveau seul est en jeu, puisque le microscope ne nous donne pas la clef de ses troubles, de ses altérations organiques, si tant est qu'elles existent? — Laissons cette tâche ingrate, dépourvue d'utilité pratique, aux seuls grands spécialistes, médecins aliénistes ou neurologistes. »*

*Toute une leçon de psychologie sociale est à tirer de ces raisonnements : ils nous font comprendre la menta-*

lité du médecin moderne. Divers facteurs sont à considérer pour expliquer un pareil état d'âme. Qu'on nous excuse de les exposer ici en toute franchise, sans le plus fallacieux détour ! — Animé du meilleur esprit de charité et d'indulgence, nous prenons la liberté de juger des hommes de notre génération ; peut-être même cette critique atteindra-t-elle d'anciens condisciples et amis d'études ; mais qu'ils sachent que nous ne leur jetons pas la pierre. Loin de nous l'idée de les humilier, en leur demandant d'endosser le poids du plus léger reproche !

Et donc nos praticiens modernes dédaignent les nerveux. Ils font fi de la psychothérapie, la seule arme thérapeutique rationnelle qui doit les guérir. — Nous vivons, il faut bien le dire, dans des temps de dure concurrence : tout se ramène à la recherche de l'intérêt individuel. Après cinq ou six années d'études médicales, le jeune docteur, tout fraîchement diplômé, quitte en hâte la Faculté, pressé par une clientèle inconnue, dont il guettait avidement l'annonce dans une feuille médicale. La place à prendre était convoitée par plus d'un jeune confrère. C'est donc un tournoi de vitesse qu'il faut engager avec les envieux. Le favori qui, en débarquant le premier au lieu choisi, a gagné ainsi la course, se lance alors dans la carrière : il apporte avec lui son bagage de connaissances que lui ont acquis ses stages en médecine, en chirurgie ou dans les services de spécialités. Il compte bien que s'il a, parmi ses malades, un nerveux, il lui donnera du bromure, pratiquera l'hydrothérapie sur une grande échelle ; si c'est un aliéné, il l'enverra à l'asile. Le temps, avec l'expérience des réalités qu'il nous donne, lui dessillera peut-être les yeux ;

un jour viendra où la faillite de sa thérapeutique em-
pirique, symptomatique, lui donnera cette révélation :
que les bonnes paroles faites pour réconforter les nerveux, moins rémunératrices peut-être pour le praticien,
ont un don autrement puissant d'adoucir les angoisses
et les craintes des malades que les potions calmantes ou
les plus savantes spécialités modernes.

A cette liste de médecins qui dédaignent la connaissance des psychopathies, soit par pure ignorance de l'importance de leur art, soit par un appétit exagéré et trop
précipité du gain et des rémunérations, il faut ajouter,
ceux qui, sans idée préconçue, délaissent cette étude
par pure ignorance de l'intérêt qu'elle comporte. Les résultats positifs, palpables et immédiats de la chirurgie
ont fasciné leur imagination. C'est vers cette branche
qu'ils portent toute leur attention: ils n'en peuvent distraire leur esprit, au point d'oublier qu'il y a des nerveux et que les altérations des éléments anatomiques
de leur écorce cérébrale sont inattaquables à leurs
moyens d'action.

Certains esprits sortis peut-être d'une haute lignée,
fiers des nobles qualités de leur race qu'ils attribuent
à l'atavisme, s'écrient avec indignation: « Le mode de
recrutement est défectueux. Il n'est pas jusqu'au plus
petit cultivateur enrichi, au moindre commerçant élevé
au rang d'homme politique, qui ne visent à faire de leur
fils un bachelier d'abord, avec l'espoir de le voir devenir vers la vingt-cinquième année un docteur en médecine. » Mais n'est-ce pas leur droit ? pourrons-nous répondre. — Et croit-on que ces jeunes gens acquerront
leur diplôme plus difficilement que tel autre, fils d'uni-
versitaire ou de haut fonctionnaire d'État ?

*Non, le recrutement n'est point une affaire de races
ou de classes. L'honnêteté, la droiture d'esprit, la grandeur d'âme, ne sont point l'apanage des seules classes
élevées. Ces vertus se retrouvent dans tous les rangs de
la société. Ce qui rend l'individu impropre à remplir
dignement une tâche aussi difficile, ce n'est point sa condition, ni sa race, c'est surtout son éducation. Ceux-là
seuls qui ont été élevés à l'École de l'individualisme
utilitaire, par des parents ou des maîtres qui ne prê-
chaient que la loi de l'intérêt personnel, de l'égoïsme
bas, abordent la carrière médicale avec des armes qui
peuvent être dangereuses et redoutables. Combien peu,
parmi eux, sont animés de l'esprit de dévouement! La
profession médicale, au contact de ces esprits, perd de
sa noblesse, elle devient un métier. Si nous écoutons le
D<sup>r</sup> Maurice de Fleury: « Plus d'un de ces jeunes hommes insuffisamment averti de la dignité d'Esculape,
transporte innocemment les coutumes commerciales, —
dont ses parents usaient très légitimement, — dans la
pratique chirurgicale, accepte par exemple une commis-
sion sur les bénéfices d'une opération qu'il procure et
paraît oublier que la marchandise est ici la créature
humaine. » Voilà, jugé par un Maître, l'effet d'un recrutement individuel défectueux qu'aujourd'hui chacun
déplore dans les professions appelées libérales.*

*Ainsi donc, ce siècle imprégné d'individualisme, où
chaque effort est régi par l'intérêt privé, où la perfection apportée à chaque branche scientifique nous a conduits à la subdivision du travail, nous a valu aussi ce
matérialisme simpliste que nous signalions à l'attention
du public. C'est lui qui sème dans le cerveau des jeunes,
de la nouvelle école, ce mépris mal justifié des ensei-*

gnements de la Salpêtrière et de Sainte-Anne, et cet éloignement d s idées générales.

Quelles leçons si précieuses avons-nous donc à tirer de cette fréquentation des hospices de nerveux, des asiles d'aliénés ? Sans doute nous y trouvons les nerveux organiques que chacùn a pu rencontrer au cours de ses études dans les services de médecine générale ; beaucoup de ceux-là présentent, en dehors de leurs troubles fonctionnels révélateurs de lésions anatomiques nettement caractérisées, des phénomènes psychiques confinant aux psychoses vraies, imputables à un état d'affaiblissement de la force nerveuse et qu'on a assimilés à de véritables états neurasthéniques. Mais les nerveux fonctionnels forment encore le groupe dominant des services de ces établissements hospitaliers. — L'étude de ces malades, outre qu'elle est d'un curieux intérêt pour l'esprit imbu de la recherche et de la connaissance de la vérité, ne manque pas non plus de ressources innombrables pour la culture générale de l'intelligence. Elle nous apprend à discerner un vrai neurasthénique d'un pseudo ou plutôt d'un faux neurasthénique, une crise comitiale d'une attaque hystérique, un mélancolique anxieux d'un psychasthénique obsédé. Mais il y a plus que cela. En matière d'art médical, le diagnostic qui est tout pour certains esprits trop épris du souci de la précision, trop amateurs des distinctions subtiles, le diagnostic, disonsnous, n'est qu'une partie de l'œuvre du médecin. Le complément logique, le couronnement de son effort, c'est le traitement qui doit amener la guérison. Or les nerveux, nous le disions au début, ne se guérissent pas « à coups » d'ordonnances, de sédatifs nervins, de douches, de frictions, de massage, de gymnastique. Ce ne sont

là que les adjuvants d'une méthode thérapeutique plus rationnelle, plus pathogénique, la psychothérapie, méthode
peut-être vieille comme le monde, mais modernisée par
un terme technique nouveau. — Et si l'on nous demande
pourquoi la psychothérapie, cette science dite nouvelle,
rehausse tant l'esprit médical, nous pourrons répondre :
c'est que tous les moyens d'action dont elle dispose pour
la réalisation d'une saine orthopédie morale, exigent
du médecin une grande perspicacité d'esprit, de hautes
qualités de cœur, un fonds de profonde bonté. N'avons-
nous pas, pour appuyer nos dires, l'opinion du Maître
qui a bien voulu accepter la présidence de notre thèse ?
Il suffit de rappeler le langage du professeur Déjerine,
lors de sa leçon inaugurale à la Salpêtrière. Les accents
émus de sa voix profonde, qui sonnaient aux oreilles
des auditeurs comme autant de notes douces, pleines
d'harmonie, nous disaient toute la conviction d'un cœur
épris de bonté et d'indulgence. Nous entendons encore
les applaudissements qui saluèrent ces paroles : « La
sphère morale rentre dans le domaine du médecin parce
que c'est de celle-là qu'avec un peu de bonté, on peut
faire le plus de bien.... A cette clinique-là, — ajoutait-il,
— visant la clinique des maladies du système nerveux,
vous laisserez bien vite déferler et mourir la vague de
scepticisme qui tend à submerger chacun des sujets de
nos générations modernes. Vous verrez, à interroger vos
malades, que l'humanité est meilleure qu'on ne le pense
et que s'il y a tant de névropathes, c'est peut-être qu'il
y a beaucoup de braves gens dédaigneux des philosophies
subtiles, mais qui, parce qu'ils savent vivre et aimer,
sont appelés à beaucoup souffrir. Enfin, à cette éducation, vous gagnerez cette autorité du cœur, par laquelle,

croyez-m'en, le médecin s'impose beaucoup plus à ses malades que même par l'autorité de son intelligence ou de son savoir. » Des paroles aussi éloquentes se passent de commentaires, lorsqu'elles sont prononcées par la voix d'un tel Maître.

Et nous sommes heureux de retrouver dans ce langage l'écho même des enseignements du Maître regretté, le professeur Raymond, dont nous avons été l'élève pendant notre troisième année d'externat. Lui aussi prêchait cet esprit de bonté que l'on doit aux malades : il ne se contentait pas de discours : lui-même donnait l'exemple. Son sourire bienveillant avec lequel il accueillait chaque élève du service, sa douceur pleine de délicatesse pour les malades n'étaient qu'un reflet de ses hautes qualités morales qui se cachaient au fond de son cœur, derrière ce cerveau d'homme plein d'activité, digne disciple du grand savant de la Salpêtrière.

C'est dans ce service de la Clinique des maladies du système nerveux que nous avons appris à connaître les psychasthéniques. C'est aux consultations du mercredi que nous voyions défiler ces malades hésitants, timides, grands douteurs, torturés par mille idées extravagantes, en proie à une agitation motrice désordonnée. C'est au contact de ces malades, que nous avons eu l'idée d'entreprendre cette étude des forçats du scrupule. Nous venions d'élaborer le thème de ce travail lorsque le mal brutal qui tourmentait depuis quelques années ce Maître adoré fit sa dernière œuvre et ravit à nos yeux celui qui devait nous appuyer de sa haute autorité et dont nous nous faisions gloire de soutenir les idées. Nous remercions le Maître qui lui succède aujourd'hui, et nous nous faisons un devoir de lui témoigner notre reconnais-

sance pour le grand honneur qu'il nous fait en accep-
tant la présidence de notre thèse. A tous nos Maîtres qui
nous ont initié aux diverses branches de la médecine,
nous adressons un souvenir ému. Qu'ils soient assurés
de notre respectueuse gratitude!

Avant d'entreprendre la discussion de notre sujet, nous
tenons à renseigner nos juges et nos lecteurs sur les diverses circonstances qui ont présidé à l'éclosion de cette
thèse.

C'est durant notre troisième année d'externat, alors
que nous prenions contact avec les divers neurasthéniques des consultations de la Salpêtrière, qu'il nous fut
adressé un jeune abbé, curé d'une petite paroisse du Midi.
Cet ecclésiastique présentait alors des idées obsédantes,
idées de sacrilège, idées de damnation, idées de blasphème, des scrupules religieux en un mot, qui suscitaient
de véritables crises d'angoisse, d'anxiété. Il y avait en
même temps chez lui une agitation motrice très accen-
tuée, caractérisée par des gesticulations bizarres, des
ruminations mentales, des invocations prononcées à voix
haute. C'était le type parfait du psychasthénique de
Janet, obsédé anxieux, atteint de ce syndrome mental,
la maladie du scrupule, dont on a voulu, à tort, faire
une entité morbide. Nous avons pu suivre ce malade très
régulièrement pendant quatre mois. Chaque jour nous
nous livrions à des entretiens qui se prolongeaient quelquefois des heures entières : nous avons pu ainsi analyser très minutieusement ce tempérament; nos relations
intimes avec la famille de l'abbé nous ont permis d'éva-
luer à sa juste valeur le facteur héréditaire, par lequel
nous avons pu rétablir la genèse des divers troubles mentaux observés. Deux années se sont écoulées depuis cette

époque : notre ecclésiastique, que nous avons continué à suivre, n'a plus ses crises. Il est encore un grand scrupuleux ; il le sera encore pendant bien longtemps. Mais ce n'est plus un obsédé anxieux.

L'observation même de ce psychopathe nous a décidé à entreprendre l'étude de ces faits. Déjà, à la Salpêtrière, nous avions remarqué la fréquence des idées religieuses, au cours des crises d'angoisse des psychasthéniques : nous avions assisté au spectacle d'enfants, d'adolescents qui formaient des vœux de chasteté, imaginaient des pactes invraisemblables, en vue d'obtenir des grâces divines. Tous, difficiles à interroger, étaient des timides, des hésitants, des sensibles, des susceptibles, intelligents pour la plupart, mais souffrant terriblement de leurs interrogations incessantes. Et c'est pourquoi nous avons tenu à réunir tous ces faits, à les enchâsser sous le terme général de « déviations morbides du sentiment religieux », voulant dire par là que chez certains prédisposés, le sentiment religieux, au lieu de demeurer une « idée force », une force morale pour la conduite de l'individu dans la vie, devient, au contact d'une éducation mal dirigée, une puissance inhibitrice, créatrice d'angoisse, d'aboulie et de désespoir.

Ce sujet nous passionnait. Voici pourquoi : Déjà, alors que nous accomplissions nos humanités au collège religieux des Maristes de Montluçon, nous avions vu de ces scrupuleux. Il nous souvient notamment d'un élève d'une quinzaine d'années qui, pendant la nuit, se levait, quittait le dortoir, s'élançait dans les couloirs et courait droit à la chambre du directeur de conscience. Les pensionnaires, toujours curieux et pleins de malice, intrigués par ces sorties de nuit de leur camarade, l'avaient suivi : *il fut surpris frappant à la porte du Père en ques-tion. On sut depuis qu'il allait se confesser. C'était un élève d'une piété intense, communiant fréquemment, et qui faisait de longues stations à la chapelle. Nous ne pensions pas alors à la psychasthénie: nous nous con-tentions de voir là un grand scrupuleux que d'aucuns, parmi ses professeurs, citaient comme exemple, disant que c'était une âme d'élite, pleine d'une grande déli-catesse de sentiments. — Nous avons tenu à connaître ce qu'étaient devenues ces âmes d'élite, à la sortie du col-lège. Les unes sont restées de très honnêtes gens, res-pectables à tous égards, gardiens d'une foi profonde, dévouées corps et âme pour leur Dieu, mais cerveaux toujours tourmentés, cœurs fréquemment angoissés par le scrupule. Les autres, on évite d'en parler, ils ont re-nié leurs croyances; ils rougissent aujourd'hui de fran-chir les lieux saints. N'ayant plus de frein qui les ar-rête, ils consomment sans calcul les richesses amassées péniblement par leurs parents, vivent au milieu des fil-les de joie, et se grèvent de dettes dans des spéculations honteuses et désordonnées.*

*Les questions que nous abordons ont donc leur im-portance. Nous faisons pressentir déjà que dépistés dès le jeune âge, ces tempéraments nerveux qui marchent insensiblement vers la psychasthénie, devront être l'objet d'une étroite surveillance de la part du milieu fami-lial et des maîtres chargés du soin de l'éducation.*

· LES

# DÉVIATIONS MORBIDES

DU

## SENTIMENT RELIGIEUX

A L'ORIGINE ET AU COURS DE LA PSYCHASTHÉNIE

---

# PREMIÈRE PARTIE

## APERÇU GÉNÉRAL SUR LES PSYCHONÉVROSES

La liste des névroses se restreint de plus en plus. Les progrès de la science ont mis en lumière la nature organique effective de nombre d'affections qui appartenaient autrefois à ce groupe. Des névroses d'autrefois, deux seulement subsistent aujourd'hui, l'hystérie et la neurasthénie. Elles seules ont survécu à cette œuvre envahissante de démembrement qu'avaient entrepris les esprits, fervents des conceptions organicistes. Pour montrer l'importance qu'ils attachaient à l'élément primordial de ces affections, pour bien préciser la valeur de la modification primitive de l'état moral ou mental, les neurologistes créèrent une appellation nouvelle ; le terme de *psychonévroses* remplaça la dénomination ancienne de névroses. La neurasthénie et l'hystérie ne sont plus seulement des maladies sans lésions connues. Elles constituent aujourd'hui des affections essentiellement psychiques. La mécanique mentale du sujet a été primitivement troublée, « dérangée », sous l'influence de l'émotion. Celui-ci a perdu son contrôle intellectuel, et secondairement toute une série de manifestations fonctionnelles sont apparues, qu'on ne peut subordonner à des influences initiales de dyscrasie acide, de déminéralisation, de troubles sécrétoires, de viciations chimiques des échanges glandulaires, en un mot d'autointoxications.

Avant d'aborder l'étude de la psychasthénie, de cette autre maladie essentiellement psychique, mais intermédiaire entre les psycho-névroses et les psychoses vraies, nous devons dire un mot de l'hystérie et de la neurasthénie. Leur histoire nous aidera à mieux comprendre ce qui appartient en propre au tempérament psychasthénique, ce qui doit être distrait de ses phénomènes morbides principaux, les idées obsédantes, créatrices d'angoisse et d'anxiété.

# CHAPITRE PREMIER

## L'hystérie

On ne peut parler d'hystérie sans évoquer le souvenir du savant qui contribua le premier à l'observation
méthodique, scrupuleuse de ses phénomènes. Les murs
de la salle où défilent chaque matin les consultants de
la Clinique des maladies nerveuses, témoignent encore
de l'importance de l'œuvre de Charcot, et révèlent les
lumières qu'il jeta sur les erreurs du passé : on y voit
les planches savamment dessinées par la main d'un
artiste médecin, élève du Maître, comme lui fidèle observateur, qui a mis tout son talent pour la reproduction exacte des diverses phases de la grande attaque de
la « Major Hysteria ». Des estampes, des reproductions
de tableaux anciens, consacrées à perpétuer le souvenir
d'une intervention surnaturelle forment par leur ensemble un musée historique et scientifique du plus haut
intérêt. On y voit dessinés nos convulsionnaires du
moyen âge, « possédés du démon » dont la physionomie, l'expression du visage, les attitudes clownesques
étaient l'image même de la crise hystérique que Charcot se plaisait à cultiver pour les besoins de l'observation et de l'enseignement clinique. D'autres gravures

reproduisent l'extase et la vision. Elles nous font comprendre les cris d'alarme des esprits religieux qui, au dernier siècle, frappèrent d'anathème le maître de la Salpêtrière pour avoir, disaient-ils, décrié une sainte en la personne de sainte Thérèse et avoir ainsi manifesté une telle absence d'idéal, un amour aussi dégradant du terre à terre.

L'œuvre originale et bienfaisante de Charcot, dont ces murs portent l'empreinte et disent la haute portée, ne doit pas être ignorée des praticiens qui s'intéressent à l'histoire des maladies de l'esprit.

Aujourd'hui, l'on ne parle plus d'exorcismes pour la bonne raison que les possédés du démon, tels que les avait vus le moyen âge, sont devenus très rares. Charcot leur a porté le coup fatal, en démontrant qu'il n'y avait là que le produit de fausses conceptions, d'interprétations erronées d'un mal qui n'a plus rien de diabolique. Des esprits croyants imbus de l'invulnérabilité de la tradition verront peut-être, dans cette glorification de l'œuvre du Maître de la Salpêtrière, une attaque directe adressée à l'esprit religieux d'alors, une critique acerbe et méchante des supplices infligés aux suppôts du Malin. Qu'ils se détrompent; si nous jetons la pierre aux Inquisiteurs du moyen âge qui condamnaient de pauvres malades, si nous élevons un piédestal à la mémoire de celui qui a dévoilé leurs erreurs, nos critiques s'adressent uniquement à l'esprit du temps : les saints qui exorcisaient étaient de véritables saints, les magistrats qui jugeaient étaient d'honnêtes magistrats, absolument persuadés de la sainteté de leur rôle, en pourchassant le Diable, l'éternel ennemi des hommes, en voulant en expurger la terre et le refouler en Enfer.

On nous objectera : mais pourquoi considérez-vous nos possédés d'autrefois comme des hystériques ? Nous répondrons : « Interrogez l'art, étudiez les artistes et confrontez les attitudes des démoniaques avec les poses de l'hystérique moderne, si bien dessinées par le crayon du professeur de l'École des Beaux-Arts, le Dr Paul Richer. Observez le tableau de Rubens du Musée de Vienne qui représente saint Ignace délivrant les possédés et ressuscitant les enfants. Regardez le personnage principal, cette femme avec le cou gonflé, dans un état de convulsion porté à son paroxysme : la bouche est ouverte avec protrusion de la langue, les narines sont dilatées, les globes oculaires convulsés en haut. La robe entr'ouverte qui retombe sur les hanches, laisse voir la chemise que cette agitée saisit violemment et déchire avec sa main crispée. Consultez le *Saint Ignace* du Musée de Gènes : la possédée est dans l'attitude de l'arc de cercle. Le tableau du *Miracle de saint Nil* par le Dominiquin, dont on voit une reproduction au musée de notre École des Beaux-Arts, n'est pas moins instructif. Ici, c'est un enfant : les yeux sont convulsés en haut, tout le corps rigide est renversé en arrière avec extension forcée des pieds. Nous nous souvenons d'une consultation à la Salpêtrière, où l'on présenta au professeur Raymond un enfant atteint, disait-on, de crises nerveuses. Notre maître, examinant l'enfant, vint à toucher une zone hystérogène, ce qui déclancha aussitôt la crise. Nous eûmes là, dans le spectacle de cette crise hystérique, la reproduction la plus fidèle du jeune possédé du *Miracle de saint Nil*: même attitude en arc de cercle, avec contracture généralisée. L'on pouvait se demander si l'enfant, avant d'être présenté au professeur

Raymond, n'avait pas jeté les yeux sur le tableau du Dominiquin, reproduit dans notre salle, et imaginé là la forme de sa crise, en copiant l'attitude du possédé.

Nous avons trouvé, dans un traité de théologie mystique, la description des divers phénomènes qui surviennent chez le « possédé » au cours de l'exorcisme. « Il y a d'abord perte de connaissance : cet état commence avec les premières prières. La personne, qui un instant auparavant causait très naturellement, est prise soudain d'une sorte de sommeil ou au contraire s'agite et se tord, son regard devient fixe et hagard : un autre esprit s'est substitué à elle dans ses organes, il va répondre, recevoir les coups des prières et essayer de les braver. Tel un général accourt avec ses troupes sur les remparts, faisant passer en arrière ceux qui ne portent pas les armes. La bataille dure souvent autant d'heures que le veut l'exorciste. Dès que celui-ci déclare qu'il arrête la lutte, la personne revient comme d'un sommeil, éprouvant soit un réveil tranquille, soit quelques mouvements convulsifs ; elle ignore ce qui s'est passé, et, quoique fatiguée, elle peut reprendre une conversation naturelle. L'eau bénite contribue beaucoup à faire disparaître la fatigue. » Cette scène d'exorcisme ne rappelle-t-elle pas en tous points le tableau de la séance d'hypnotisme ? Point n'est besoin de faire intervenir une puissance surnaturelle pour expliquer la provocation d'un sommeil, ou une crise de contorsions : c'est à la portée de tous, de suggestionner un hystérique ; aussitôt hypnotisé, on peut susciter chez lui les hallucinations les plus terrifiantes, les attitudes les plus diaboliques.

Plus loin, le même auteur de ce traité de théologie

mystique semble reconnaître que la possession rentre souvent dans le domaine de la science des maladies de l'esprit. « On connaît de nos jours, dit-il, plusieurs maladies bizarres qui présentent des ressemblances avec la possession. Le prêtre n'a presque jamais fait les études suffisantes pour les discerner. Le médecin seul peut réduire à leur vraie valeur certaines circonstances physiologiques que les profanes croient surnaturelles. »

L'hystérie moderne n'est plus celle de M<sup>me</sup> de Belciel, supérieure du couvent des Ursulines de Loudun. La forme et le contenu du délire hystérique ont changé. Comme l'a dit M. Regnard, « nos malades sont des faubouriennes et non des Ursulines. Elles ne délirent plus de Belphegor ou d'Asmodée, affreux prince de l'Enfer, mais plutôt de M. Alphonse, prince charmant des boulevards extérieurs. »

L'hallucination de nos visionnaires du moyen âge, qui rappelait invariablement les préoccupations dominantes du temps, l'intervention diabolique ou bien un fait réel récemment survenu, comme la troublante visite au couvent de Loudun du beau duc de Beaufort âgé de 18 ans, a fait place à des hallucinations d'un tout autre thème plutôt tristement sentimental que mystique.

Quant à cette insensibilité, ce « sigillum diaboli », qui décidait de la culpabilité d'une sorcière ou d'une convulsionnaire devant le tribunal inquisiteur et aussitôt la conduisait au bûcher, elle est devenue l'hémianesthésie de nos hystériques modernes. Mais elle n'entraîne plus de peine aussi sévère à l'égard de ces malades qui ne sont plus des accusées. Nous cherchons non pas à détruire les hystériques, mais à les guérir

par des paroles réconfortantes et persuasives qui ont
remplacé l'arrêt de mort des juges inquisiteurs, par de
l'eau en place du feu, par des douches en place du bûcher. Et tout cela se passe dans des salles d'hôpitaux,
dans des chambres d'isolement, entre des rideaux blancs,
où un médecin, le cœur rempli d'une ferme douceur,
d'un ton paternel imprégné d'une autorité digne et très
suggestive, converse avec ses malades dont il veut refaire le moral et redresser la mentalité faussée.

Autrefois, comme à Loudun, les exorcismes avaient
lieu parfois devant plus de 3.000 personnes : les sœurs
se rendaient en grande procession à l'église. Cette
grande publicité, ce luxe d'apparat des cérémonies rendaient la possession plus contagieuse. Nous exorcisons
aujourd'hui avec des moyens plus simples et plus efficaces, dans le silence du cabinet, loin des yeux des
curieux, avides d'émotions et d'excitations. Et les nerfs
et l'imagination de nos hystériques ne s'en portent pas
plus mal.

Un dernier fait, signalé dans ce même livre de théologie mystique déjà cité, corrobore ce que nous disions
de l'exorcisme, qui tend de plus en plus à disparaître.
Il nous montre l'invasion des idées médicales dans les
milieux religieux. Le R. P. Debreyne, docteur en médecine, prêtre et religieux de la Grande-Trappe, raconte
tout au long qu'il a eu une communauté de femmes
dont l'état présentait les plus grandes ressemblances
avec celui des Ursulines de Loudun. Par exemple, d'un
seul bond, elles franchissaient le mur de clôture. Il les
guérit en peu de temps, par des moyens purement naturels, hygiéniques et moraux tels qu'un travail manuel
assidu et varié (*Essai de théologie|morale*, chap. IV,

édition refondue par le D' Ferrand, Poussielgue, 1884).

L'œuvre de Charcot s'est transformée au contact des générations nouvelles. Le savant avait essayé de faire sortir l'hystérie de l'inextricable chaos dans lequel elle se perdait, en s'attachant à l'observation méthodique, rigoureuse, scrupuleuse et patiente de faits simples, faciles à analyser, en laissant de côté les problèmes trop complexes. Après ce formidable travail d'analyse, le champ restait ouvert aux hypothèses; selon les lois de la logique, il fallait maintenant donner une explication des phénomènes, discuter la pathogénie de l'hystérie. On chercha à définir l'hystérie. Chacun donna son mot : il fallait pour cela bien délimiter le groupe des phénomènes qui devaient se rapporter à cette entité nosologique. Dans ce travail de démembrement, on s'aperçut bientôt que la nécessité s'imposait d'élaguer beaucoup de faits disparates qu'on rapportait anciennement à la grande névrose. L'hystérie avec sa grande attaque en quatre actes apparut bientôt comme une hystérie de culture artificielle qui ne ressemblait plus aux petites crises névropathiques de nos malades actuels. Ne suffisait-il pas, à l'époque de Charcot, « d'un commandement du chef de service ou des internes pour que les hystériques partent comme des poupées remontées ou comme des chevaux de cirque habitués à répéter la même évolution » ? Cette « major hysteria » n'a plus cours. Encore en rencontre-t-on quelques rares spécimens dans les services de neurologie, que nos maîtres actuels conservent comme vestiges historiques d'une école démodée, et que l'on montre comme « phénomènes » aux jeunes et aux étrangers.

De ces constatations, surgit l'idée de l'influence suggestive exercée par l'exploration médicale sur la production des symptômes dits hystériques. On comprit bientôt que l'esprit autoritaire qu'était Charcot, avec son masque glabre d'empereur romain, pouvait sans peine créer une véritable fascination sur les hystériques d'alors et leur suggérer leurs attitudes, leurs gestes de saltimbanques les plus extravagants.

Depuis qu'on ne cultive plus l'hystérie, elle semble avoir diminué; tout au moins a-t-elle pris des formes moins dramatiques. Elle n'est plus comme maintes gens du public le croient encore, et comme parait le désigner le sens étymologique du mot, la manifestation d'une perturbation dans le fonctionnement de l'appareil génésique de la femme, provenant soit de l'abus de plaisirs vénériens, soit d'une continence excessive. L'excitation sexuelle considérée en effet pendant longtemps comme le signe pathognomonique de l'hystérie est loin d'être constante; il y a souvent au contraire frigidité avec ou sans pratiques anormales ou perverses. La preuve en est que les divers troubles dits hystériques apparaissent chez des femmes fort bien pondérées au point de vue sexuel. Néanmoins on a conservé le terme hystérie, parce que cette affection semble tout au moins l'apanage du sexe féminin, encore que les phénomènes névropathiques en question soient communs chez l'homme, chez l'enfant avant la puberté, et même chez le vieillard après l'extinction de la vie génésique.

La définition primitive de l'hystérie était fondée sur une idée erronée : ses relations avec les troubles génitaux de la femme ; il fallait l'abandonner pour en découvrir une nouvelle. C'est ce à quoi devait aboutir la discussion de la Société de Neurologie en 1908. Si

l'hystérie, pensait-on, peut être définie par ses manifestations cliniques, ses stigmates, les uns permanents,
les autres transitoires, tout au moins faut-il discuter la
valeur de ces signes. Après plusieurs séances assez
mouvementées que souleva cette question, l'avis fut
presque unanime pour admettre que dans l'immense
majorité des cas, sinon dans tous les cas, les symptômes appelés stigmates, c'est-à-dire l'hémianesthésie
sensitivo-sensorielle, l'abolition du réflexe pharyngien,
le rétrécissement du champ visuel, la polyopie mono-
culaire, la dyschromatopie font défaut, et lorsqu'ils
existent, ils sont le résultat d'une suggestion incons-
ciente le plus souvent d'origine médicale. Pour cette
dernière proposition, l'accord entre neurologistes n'est
pas encore complet : divers médecins prétendent avoir
vu des sujets qui n'avaient jamais été examinés au point
de vue qui nous occupe et qui étaient porteurs de symptômes qu'eux-mêmes ignoraient, dont ils n'avaient jamais eu la moindre idée. Le savant neurologiste de la
Pitié, le D' Babinski, qui avait été le promoteur de la
discussion, apporta à la Société sa définition. « L'hystérie, disait-il, est un état psychique spécial qui se manifeste principalement par des troubles qu'on peut appeler primitifs et accessoirement par des troubles
secondaires. Ce qui caractérise les troubles primitifs,
c'est qu'il est possible de les reproduire par suggestion
chez certains sujets avec une exactitude rigoureuse et
de les faire disparaître sous l'influence exclusive de la
persuasion. Ce qui caractérise les troubles secondaires,
c'est qu'ils sont étroitement subordonnés à des troubles
primitifs. Il n'y a rien à redire à cette définition, en
ce sens qu'il ne s'y glisse aucune inexactitude et qu'elle

a été contrôlée, vérifiée par des faits expérimentaux absolument probants, à l'abri de toute critique. Elle est appréciable par son côté pratique, en ce sens qu'elle délimite bien le ch     ) de l'hystérie. Elle pèche, semble-t-il, par ses omissions, par son insuffisance. Ce n'est pas une définition pathogénique puisqu'elle n'indique pas la nature essentielle de l'hystérie, le mécanisme psychologique intime des troubles qu'elle a déclanchés. Charcot n'avait-il pas enseigné que l'hystérie « est une maladie psychique par excellence » ? — Dans son récent ouvrage sur les troubles fonctionnels des psycho-névroses, le professeur Déjerine insiste avec raison sur les caractères de la mentalité hystérique infantile qui fait de l'individu un être suggestible par excellence : il décri' la fragilité mentale, le manque de cohérence psychique, la passivité de l'hystérique, autant d'éléments qui l'empêchent d'être un sujet préoccupé, obsédable, ce en quoi il diffère profondément du neurasthénique. Le professeur Dupré insiste sur le puérilisme mental de l'hystérique. Le Dʳ Janet a fait ressortir l'influence des idées fixes subconscientes, nées dans le subconscient nocturne ou diurne du sujet, et non agrégées à sa personnalité principale. Elles constituent des personnalités accessoires ou secondaires et déterminent des manifestations diverses somatiques ou psychiques.

Ainsi donc, l'hystérie subsiste encore, en dépit des coupures qu'on a faites au groupe nosologique qu'elle constitue. Mais aujourd'hui elle nous apparaît non plus sous la forme bruyante, schématique, de l'École de Charcot, mais sous des dehors mal dessinés, presque dissimulés, associés à des troubles d'une autre série nosologique. C'est au praticien à la dépister ; il a souvent besoin de tout son savoir en topographie neurologique pour faire le départ entre une lésion tronculaire, les phénomènes sensitifs et moteurs qu'elle entraîne et ce qui appartient en propre à la névrose. Il doit se rappeler que les faits que lui présente la clinique journalière ne sont pas simples. Perdus au milieu des symptômes d'une autre nature, ils réalisent des complexus souvent très embrouillés. N'est-ce pas nous qui créons la nosologie, l'art des groupements, qui produisons ainsi l'artificiel? Nous jetons souvent des barrières là où la pathologie, c'est-à-dire la nature, n'en met pas.

L'association de l'hystérie avec la neurasthénie est un phénomène fréquemment observé au cours des intoxications chroniques ou à la suite des grandes émotions. Dans les maladies organiques, telles que la sclérose en plaques, le tabes, ne voyons-nous pas certains phénomènes hystériques appelés aujourd'hui pithiatiques donner le change et compliquer étrangement le syndrome clinique ?

Enfin, dans ces dernières années, l'hystérie est devenue, sous l'influence de Brissaud, une question d'actualité dans l'appréciation des accidents du travail. L'hystérie traumatique qui est de l'hystérie vulgaire et non une névrose spéciale a pris une importance plus grande depuis la loi de 1898. On sait aujourd'hui que le traumatisme ne crée pas l'hystérie, mais qu'il la provoque ou la démasque : il n'est donc que partiellement responsable. Le pronostic n'est pas grave, en ce sens que la vie n'est pas menacée, mais la capacité fonctionnelle est fort amoindrie. Il importe pour le médecin, avant de porter le diagnostic d'hystérie traumatique, d'élimi-

ner, par un examen complet et méthodique, l'hypothèse
d'une lésion organique cérébrale, médullaire, névriti-
que ou articulaire, de discuter la possibilité d'une association hystéro-organique, de dépister la simulation
ou l'exagération volontaire. Des signes d'une grande
valeur permettent de réaliser la première condition.
Quant au départ à faire entre la simulation pure et
l'hystérie pure, c'est quelquefois malaisé. « Tantôt le
sujet exagère des symptômes réels, dit Charcot, tantôt
il crée de toutes pièces une symptomatologie imaginaire.
Chacun sait en effet que le besoin de mentir, de tromper parfois, sans intérêt, par une sorte de culte de l'art
pour l'art, tantôt en vue de faire sensation, d'exciter la
pitié » est une chose vulgaire chez les hystériques.

« Un simulateur habile et éduqué à bonne école, dit
le docteur Babinski, pourrait arriver à reproduire avec
précision tous les accidents hystériques, ce qui est une
source de difficultés pour ainsi dire insurmontables
dans les expertises médico-légales. Il y a aussi tout lieu
de croire que bien des hystériques deviennent des si-
mulateurs et arrivent à reproduire à volonté, suivant
leur caprice ou leur intérêt, des troubles qui, au début,
étaient le résultat de la suggestion ou de l'auto-sugges-
tion. »

L'hystéro-traumatisme est une affection tenace, peu
influencée par le traitement, lorsqu'elle date de plusieurs
mois et surtout de plusieurs années. Il faudra donc agir
vite, ne pas abandonner le sinistré à son malheureux sort,
en lui ordonnant simplement du bromure, des douches,
des frictions, du massage. Plus l'affection est récente,
plus elle a de chances de guérir facilement. C'est dans
ces cas que triomphe la rééducation faite surtout d'af-

firmations, d'actes d'autorité, de suggestion par le mer-
veilleux.

Telle a été l'histoire de l'hystérie. On ne la retrouve
plus aujourd'hui sous la livrée des démoniaques ; les épi-
démies bizarres de dansomanie, véritables crises pithiatiques, dont la fameuse danse de Saint-Guy qui désola
les provinces du Rhin pendant les xiv⁰ et xv⁰ siècles est
une des plus célèbres, ont disparu. Charcot avait cherché à analyser les grandes lignes de cette psycho-névrose. Les élèves qui l'ont suivi, se sont livrés à une
analyse psychologique plus profonde, ce qui a fait perdre au tableau clinique primitif de l'hystérie sa netteté
descriptive. Et surtout ils se sont attachés à la traiter, à
la guérir. La psychothérapie suggestive a été instituée,
dont on voit chaque jour les résultats surprenants, à la
seule condition que cette thérapeutique soit entreprise
d'une façon précoce.

# CHAPITRE II

## La neurasthénie

La seconde névrose, maladie à la mode, dont le nom est dans toutes les bouches, est la neurasthénie, sœur jumelle de l'hystérie. Certes elle est bien fréquente, mais elle n'a pas encore la fréquence que lui accorde le public. Sans doute, c'est « la maladie du siècle », non pas que la neurasthénie est apparue à notre époque comme une espèce morbide néoformée, mais seulement elle semble avoir pris de notre temps un développement qu'elle n'avait peut-être jamais atteint jusqu'alors. Il ne faudrait pas voir dans ce fait, comme on l'a dit, « la résultante d'une décadence progressive imputable à une sorte de sénilité ou d'évolution régressive des nations où elle sévit. On ne peut méconnaître les progrès humains et nous ne voyons pas que les Allemands, les Français de notre temps soient plus débiles que ceux qui vivaient au siècle dernier ou même au moyen âge. » Son extraordinaire fréquence chez les Américains du Nord et chez les peuples d'Europe les plus civilisés tient plutôt aux conditions de la vie sociale qui ont été brusquement modifiées dans l'ordre économique comme dans l'ordre politique.

Écoutons le professeur Gilbert Ballet : « Autrefois les classes étaient comme parquées derrière des barrières infranchissables, et bien peu, hormis les forts, cherchaient à sortir du milieu où le hasard de la naissance les avait placés. Aujourd'hui les lois et les mœurs ont supprimé ces barrières, chacun s'efforce de s'élever plus haut que ses ancêtres, la concurrence a grandi, les conflits d'intérêts et de personnes se sont multipliés dans toutes les catégories d'états ; les ambitions souvent peu justifiées se donnent libre carrière ; une foule d'individus imposent à leur cerveau un travail au-dessus de ses forces. Viennent les soucis, les revers de fortune et le système nerveux sous le coup d'une excitation incessante finit par s'épuiser. Ainsi s'expliquerait la fréquence croissante de la neurasthénie à notre époque et sa prédominance dans les villes parmi les classes moyenne et supérieure, dans tous les milieux en un mot où la culture intellectuelle ainsi que le trafic commercial et industriel sont portés à leur plus haut degré d'intensité. »

Autour de ce terme de neurasthénie, employé à tort et à travers, règnent donc les confusions les plus choquantes, créées par le grand public qui aime aussi à poser son diagnostic en prenant de faux airs de clinicien : son opinion ne va-t-elle pas jusqu'à entraîner et diriger les convictions de certains praticiens inexpérimentés, n'ayant jamais su analyser le contenu de l'état neurasthénique ?

C'est qu'en effet, nos malades recrutés dans toutes les classes de ce public ont un dédain naturel pour les distinctions subtiles. Il leur faut des termes faciles à prononcer. Aussitôt divulgués par les feuilles quotidiennes

dispensatrices de réclames où tout est mis à contribution, nos termes techniques ne tardent pas à perdre leur
sens primitif. On y jette pêle-mêle tout un groupe de
phénomènes disparates, qu'aucun lien rattache les uns
aux autres. Cette confusion a un retentissement jusque
dans les conceptions du médecin. Il n'est pas, à l'heure
actuelle, de phénomènes nerveux, qui ne soient, lorsqu'ils se présentent, qualifiés au moins provisoirement de
trouble neurasthénique. Ne voyons-nous pas, jusqu'au
petit enfant qui, pour dissimuler une paresse native, en
face de la leçon à apprendre, renâcle à la besogne, avan-
çant qu'il pourrait se fatiguer et devenir neurasthénique?
Les revues, les journaux quotidiens, sont les principaux
auteurs de ces vulgarisations erronées de nos théories
scientifiques. On veut approprier les termes médicaux
à l'intelligence moyenne de la masse, ce qui ne va pas
sans une certaine détérioration de la précision scientifique.

La neurasthénie est donc devenue ce « caput mor-
tuum » où nos journalistes chargés de modeler l'esprit
des foules, de propager les idées nouvelles, sans respect
pour l'exactitude scientifique, font rentrer tout ce qui
apparaît comme trouble de l'esprit. Ils excusent les fautes de la masse, en couvrant sous cette étiquette com-
mode les passions et les débordements de ses instincts
naturels. Derrière ce faux nom, on dissimule de vulgaires crimes passionnels, les plus violents drames de
jalousie. N'avons-nous pas lieu d'être agacés, énervés à
la vue de cet envahissement général de nos domaines
les plus sacrés par des esprits profanes ? Combien de
fois, retenus par le respect des convenances, nous gardons pour nous-mêmes notre mécontentement, en face

de nos malades qui, au lieu d'exposer simplement les troubles qui les tourmentent, nous jettent sans modestie au visage, des paroles ainsi conçues : « Je sais mieux que vous, docteur, ce que j'ai. C'est de la neurasthénie. Vous n'avez qu'à me traiter et à me guérir. » Et le malheur veut que ces mots qui font ainsi fortune soient les plus malaisés à définir. N'entend-on pas de toutes parts crier, bien haut, les méfaits de l'arthritisme, de l'artério-sclérose, expressions tombées dans le domaine public? Instinctivement les médecins essaient de lutter contre ce mal : ils délaissent ces termes qui ne répondent plus à leurs conceptions modernes. Ils en créent de nouveaux, au risque de compliquer singulièrement notre vocabulaire médical. Le public avait fait de la neurasthénie un tronc immense orné de nombreuses branches disparates, où chaque jour il s'en greffait de nouvelles : ils ont élagué ce qui nuisait à son unité et détruisait son harmonie ; il ne reste plus que le tronc découronné, qui subsiste de par ses racines encore pleines de vitalité.

« Sur dix malades, dit le professeur Gilbert Ballet, qui se présentent au neurologiste comme atteints de neurasthénie, une bonne moitié d'entre eux sont atteints de tout autre chose. » Or donc, que doit-on entendre par neurasthénie essentielle ?

La définition de cette psychonévrose élevée au rang d'entité morbide souleva, comme pour la définition de l'hystérie, bien des controverses entre neurologistes et psychiâtres. En 1910, on discutait à la Société de Neurologie la valeur de l'émotion dans la genèse des phénomènes névropathiques de l'hystérie et de la neurasthénie. Chacun voulant donner une définition patho-

génique, l'entente ne put s'établir entre les membres de
la Société. C'est que la notion du principe pathogénique est dépourvue de précision. Nous devons donc,
comme pour l'hystérie, nous en tenir à des définitions
symptomatiques.

Le mot neurasthénie veut dire: « affaiblissement de
la force nerveuse ». Il s'applique à ce que l'on désignait
autrefois sous les noms les plus variés : c'étaient *les
maux de nerfs, les vapeurs, la surexcitation nerveuse,
la faiblesse nerveuse, la faiblesse irritable, la névralgie
générale, l'irritation spinale, la névropathie cérébro-
cardiaque, la nervosité, le nervosisme*. Ce qui caractérise
l'état nerveux décrit par Béard, ce sont des symptômes
fondamentaux, une céphalée d'un caractère spécial, l'insomnie, l'asthénie musculaire, la rachialgie, la dyspepsie
par atonie gastro-intestinale et enfin et surtout un état
mental particulier. Même dans les cas où elle se complique de troubles secondaires ou associés, elle garde
sa physionomie fondamentale et qui en constitue l'essence, de maladie de fatigue.

Où commence le désaccord entre neurologistes, c'est
lorsqu'il s'agit de préciser le trouble primitif qui a déclanché ces phénomènes de fatigue. Doit-on incriminer,
à l'origine même de l'affection, un état spécial de faiblesse et d'irritabilité des éléments nerveux ? ou bien
faut-il faire dépendre les divers symptômes de cet épuisement nerveux de certains troubles viscéraux tels que
la dyspepsie par le mécanisme d'une perturbation qu'elle
jette dans les échanges nutritifs, ou bien devons-nous
accuser les lésions de l'appareil génito-urinaire, les excès
génésiques, ou un état d'appauvrissement du sang ?
Aujourd'hui on s'accorde à déclarer qu'il y a altération

primordiale des éléments nerveux, dont, à la vérité, la nature nous échappe.

La neurasthénie demeure une psychonévrose dont l'autonomie est légitime, étant assurée par les relations et les analogies des caractères qu'il y a entre tous les états d'asthénie nerveuse. Elle naît sur un terrain préparé le plus souvent par des causes prédisposantes : l'hérédité neuro-arthritique, plus importante que l'hérédité même de la névropathie. Elle trouve son éclosion au milieu de causes provocatrices telles que le surmenage cérébral s'exerçant plus dans la sphère des facultés affectives que dans la sphère des facultés intellectuelles. C'est à la source des passions dépressives, des préoccupations morales qu'elle puise toute son intensité. Cette étiologie a contribué à élucider le problème du surmenage intellectuel. Ce n'est pas tant le travail cérébral même qui surmène et épuise, c'est l'effort de tête « accompagné du souci du lendemain, de la préoccupation vive d'un but à atteindre, de la crainte d'un insuccès ou d'un échec, qu'il s'agisse d'affaire industrielle ou commerciale, où est engagée la fortune d'un examen ou d'un concours d'où dépend l'avenir ».

Si l'hystérie est « une maladie psychique par excellence », ce qui caractérise aussi le neurasthénique, c'est sa mentalité dominée par l'émotivité. On ne peut échafauder une théorie pathogénique de la neurasthénie qui ait pour base des phénomènes d'intoxication ou d'épuisement, les deux agissant séparément ou d'une façon concomitante. Le professeur Déjerine insiste dans son dernier ouvrage sur les psychonévroses sur ce rôle primordial des facteurs psychologiques dans la genèse de l'état neurasthénique, en montrant que c'est essentiellement, sinon exclusivement l'émotion qui les détermine.

Ainsi comprise, la neurasthénie voit son cadre se rétrécir de plus en plus. Nous ne pouvons plus désormais rattacher à cette psychonévrose les états neurasthéniques appelés hier les pseudo-neurasthénies, aujourd'hui les fausses neurasthénies, liés à des phénomènes de fatigue et d'épuisement et survenant au cours des diathèses, des maladies infectieuses ou des intoxications. Cette affection du système nerveux, sans lésions organiques connues, demeure une entité morbide spéciale qui a une étiologie nettement définie, des caractères cliniques uniformes reliés entre eux par l'analogie qui existe entre tous les états d'asthénie nerveuse, une évolution variable plutôt de longue durée, non influencée par des dégénérescences glandulaires ou des insuffisances fonctionnelles de nos viscères.

Un fatigué, un surmené n'est pas un neurasthénique. Sans doute, les phénomènes qu'il ressent ne diffèrent point essentiellement des symptômes dits d'épuisement que l'on peut physiquement ou psychiquement trouver chez les neurasthéniques. Mais l'origine de ces troubles n'offre aucune parenté avec l'origine de l'état neurasthénique essentiel. Il faut donc distraire du cadre de la psychonévrose dont nous nous occupons, tous les phénomènes de fatigue simple, physique ou cérébrale qu'éprouvent les gens qui ont beaucoup ou trop travaillé du corps ou de l'esprit, « du soldat qui a fait des marches prolongées, de l'homme de sport qui, après des ascensions répétées, tombe épuisé, du sujet qui a trop lu à la lumière ou a prodigué sa voix à l'excès ».

Sans doute, ils pourront devenir des neurasthéniques, mais à la seule condition que le phénomène de sur-

menage physique ou intellectuel soit renforcé par la
préoccupation obsédante, par l'inquiétude et l'anxiété
au milieu desquelles le labeur a été accompli. Ces idées
sont contrôlées par les faits. Combien de neurasthéniques qui n'ont pas été originellement des fatigués,
combien de surmenés qui ne sont pas devenus des
neurasthéniques !

De même, nous ne pensons point à appeler neurasthénie l'ensemble des troubles organiques d'évolution, mal
définis, où les glandes vasculaires entrent peut-être en
jeu, qui surviennent à cette période critique de la
poussée organique de la puberté, où l'adolescent devient
jeune homme : ils ne sont commandés, ni par le surmenage, la suggestion ou l'émotion. « Ils se passent à
l'âge même où les jeunes filles deviennent de grandes
chlorotiques et coïncident souvent chez elles avec l'amé-
norrhée. C'est l'âge aussi où si fréquemment s'installe
la tuberculose, où le rétrécissement mitral, fonction-
nellement parlant, devient une véritable maladie de
cœur. »

De même aussi, nous aurons à retrancher de l'entité
nosologique les troubles organiques d'involution, dont
on a fait la neurasthénie de la ménopause, de l'âge critique de l'homme. « Que des neurasthénies vraies par
préoccupations hypocondriaques, dit le professeur Déjerine, puissent s'installer à cette période de la vie,
à la faveur d'une émotivité exagérée, la chose est
encore possible. Mais nous ne croyons pas que l'on
puisse intégrer dans la neurasthénie les états de fatigue qui disparaissent spontanément, quand l'équilibre
organique a été assuré. » A cette période de l'âge
critique, on observe plus souvent des modifications

du caractère que des phénomènes de fatigue, d'épuisement nerveux. Il se passe quelque chose de mystérieux du côté des organes glandulaires. Ce déséquilibre
mental qui s'observe alors et accompagne la désorga-
nisation de certaines glandes et les viciations chimiques de leurs produits, nous rapproche plus des psychopathies vraies que des psychonévroses. C'est à cet
âge que certaines femmes deviennent difficiles, aca-
riâtres, jalouses, et comme le dit le professeur Dubois
de Berne, « peut-être faut-il attribuer en partie à cette
raison la mauvaise réputation qu'ont, en tous les pays,
bon nombre de belles-mères : quand elles marient
leurs enfants, elles sont ordinairement dans cette
période fâcheuse. »

Nous avons vu à la Salpêtrière nombre d'arthritiques, d'artério-scléreux, qui venaient consulter pour des
phénomènes de fatigue, d'abattement, de dépression
avec hypocondrie. Ces troubles étaient essentiellement
mobiles et paroxystiques et soumis aux fluctuations de
l'état physique. C'étaient en même temps des migrai-
neux, des asthmatiques emphysémateux, des goutteux
ou des diabétiques. Et leurs phénomènes de dépression
nerveuse étaient très variables ; ils subissaient comme
leurs autres maux, l'influence des variations de la pression atmosphérique, alternant les uns avec les autres,
s'atténuant ou disparaissant à l'occasion d'une poussée
aiguë hémorroïdaire, ou d'une fluxion articulaire, ou
de troubles dyspeptiques. Ceux-là non plus n'étaient
pas des neurasthéniques : on les améliorait par un régime alimentaire approprié, et une hygiène physique
spéciale.

D'autres malades venaient à nous, quelques-uns al-

cooliques, anciens goutteux, de ces hommes vieillis
avant leur âge, sénilisés d'une façon précoce. Porteurs
de lésions athéromateuses, avec un cœur hypertrophié,
des bruits valvulaires modifiés, un pouls hypertendu,
des artères sinueuses, dures, en « tuyaux de pipe », ils se
plaignaient de céphalée, de vertiges, de somnolence
durant le jour, d'insomnie pendant la nuit. Ils prenaient
un air attristé pour dépeindre leur inaptitude aux travaux intellectuels, leur incapacité d'attention, leur iras-
cibilité. La famille qui les accompagnait nous faisait
remarquer leur changement d'humeur, leur émotivité
exagérée, leur tendance à des terreurs non motivées,
à des inquiétudes déraisonnables sur eux-mêmes ou
sur ceux de leur entourage. Ces faux neurasthéniques, ces hypocondriaques étaient des artério-scléreux, dont les troubles psychiques traduisaient l'irri-
gation insuffisante de leurs circonvolutions cérébrales
par des artères en voie de thrombose. Ils étaient sur
la pente du ramollissement cérébral, ou à la veille d'une
hémorragie cérébrale. C'étaient des pré-lacunaires. Et
mal avisé aurait été celui qui aurait qualifié de neurasthénie ce sénilisé, l'aurait soumis à l'isolement, et conseillé une psychothérapie ferme, autoritaire, sans rien
de plus.

Où la distinction est plus complexe, c'est lorsqu'il
s'agit de délimiter la neurasthénie essentielle entraînant
des répercussions sur la musculature des viscères tels
que l'estomac, sur les sécrétions gastriques, et de l'isoler de toutes les maladies d'origine viscéro-arthritique
capables de produire des phénomènes d'épuisement
nerveux. Cette question a été soulevée à l'occasion de
la dilatation d'estomac, considérée comme maladie pri-

mitive et essentielle. Ces grands dyspeptiques ne deve-
naient-ils pas plus tard des hypocondriaques, des neurasthéniques se plaignant de sensations douloureuses,
de céphalalgie, de vertiges, d'insomnie, ou bien des
mélancoliques anxieux, des persécutés atteints d'hallucinations et de cauchemars nocturnes, parfois de délire ?

Sans doute, les modifications des sécrétions glandulaires de l'estomac, dans les dyspepsies, les viciations
chimiques du milieu sanguin, dans la goutte, les dys-
crasies créées par les insuffisances hépatique, thyroï-
dienne, surrénale, influent sur le système nerveux en
général, et ont une répercussion directe sur le psychisme de l'individu. Les diverses auto-intoxications
que ces maladies viscérales engendrent, créent l'épuisement, la dépression de la force nerveuse. Mais ce ne
sont là que des états neurasthéniques sans rapports
avec la neurasthénie essentielle.

Quelquefois, l'erreur consiste non plus à prendre les
symptômes d'une lésion du système nerveux, ou d'un
trouble glandulaire d'un viscère, pour de simples phénomènes neurasthéniques, mais à voir dans un trouble neurasthénique surajouté à une maladie organique, le signal
d'une nouvelle lésion qui se prépare. C'est ainsi que
certains syphilitiques accusent de la fatigue, éprouvent
des vertiges, du dérobement de leurs membres infé-
rieurs, des topoalgies diverses. On croit à une ébauche
d'ataxie. Mais les signes objectifs, caractéristiques de
la maladie de Duchenne, font complètement défaut : on
ne peut mettre en évidence les signes de Romberg, de
Westphal, d'Argyl-Robertson. D'autres fois cet ancien
syphilitique se plaint de diminution de la mémoire, de

difficulté pour fixer son attention. On pense de suite
à un début de paralysie générale. Mais si on l'observe
attentivement, il est facile de se rendre compte que ce
malade est, au fond, un préoccupé, hanté surtout par la
peur de cette complication possible : il n'a point l'hésitation de la parole, le tremblement de la langue et des
lèvres, les signes oculaires du paralytique général.
Enfin (ce qui a beaucoup plus de valeur), on ne trouve
pas de lymphocytose rachidienne par la ponction lom-
baire.

Si les manifestations de lésions encéphalo-médullai-
res ou viscérales prêtent souvent à confusion avec les
troubles neurasthéniques, combien plus fréquentes sont
les erreurs lorsqu'il s'agit de distinguer la neurasthénie de certaines psychoses.

Le diagnostic est parfois difficile avec l'accès de mélancolie. Mais le mélancolique n'est pas seulement un
nosophobique, c'est un délirant. Il est dominé non
plus par l'appréhension d'une maladie, mais par une
ferme conviction basée sur des interprétations, sur des
troubles cénesthésiques. L'évolution de la maladie n'est
pas la même. Elle procède par accès, débute brusquement et se termine de même.

Maintes fois, c'est avec l'hypocondriaque qu'on confond le neurasthénique, d'autant que le neurasthénique
est lui-même un petit hypocondriaque : il se préoccupe
d'une façon exagérée et sans raison de sa santé physique. Mais c'est un interprétateur qui manque de conviction absolue et ne demande qu'à écouter ceux qui le
consolent.

Tout autre est déjà l'hypocondrie de l'obsédé ou la
phobie hypocondriaque obsédante. Ce n'est plus une

simple appréhension. La nosophobie du neurasthénique se traduisait par de simples craintes, sans grande réaction émotive. Celle de l'obsédé présente un degré de plus d'intensité ; elle s'accompagne d'angoisse et d'anxiété. L'obsédé hypocondriaque ne peut être raisonné, car il n'a que faire des conseils et des encouragements, sachant lui-même qu'il se trompe.

Enfin, il est un dernier hypocondriaque, avec lequel la confusion paraît difficile. On le rencontre chez certains délirants dégénérés, au cours d'intoxications graves, ou dans la paralysie générale. Cet hypocondriaque n'est plus un phobique, un douteur, c'est un convaincu. Tantôt son idée délirante est assez vraisemblable, tantôt elle tombe dans le grotesque. Ces malades interprètent leurs troubles anesthésiques par l'absurde. Un tel explique une dilatation d'estomac par la présence d'un animal, d'un serpent, d'un lézard. Tel autre affirme qu'il n'a plus d'intestin, plus d'œsophage, comme dans le syndrome de Cotard.

Une dernière affection souvent étiquetée neurasthénie est la névrose d'angoisse que Pitres et Regis ont étudiée, en la désignant sous des noms différents : phobies diffuses ou panophobies. Les sujets qui en sont atteints vivent dans un état permanent de tension émotive qui éclate brusquement par paroxysmes, sans motif apparent, à l'occasion de circonstances accidentelles futiles. Ces malades « ont peur de tout et peur de rien ». Ils se sentent dans une insécurité continue. La thérapeutique de ces états est tout à fait spéciale et sans analogies avec les procédés psychothérapiques employés chez les neurasthéniques.

La neurasthénie, ainsi différenciée de tous ces états

appelés fausses neurasthénies ou pseudo-neurasthénies, n'est pas, on le voit, une affection aussi fréquente que le veut le public. Les vrais neurasthéniques sont nombreux, mais il ne faut pas les voir partout.

Ce travail de délimitation ainsi réalisé, nous pouvons aborder maintenant l'étude de l'affection qui fait l'objet de notre thèse, de la psychasthénie, qui nous conduit au seuil des psychoses.

# CHAPITRE III

## La Psychasthénie

Le terme psychasthénie n'est pas vieux. Néanmoins, il n'a pas eu la bonne fortune des mots nouveaux : le mot neurasthénie est dans toutes les bouches, tandis qu'on parle de psychasthénie surtout à la
Salpêtrière, dans le service de la Clinique des maladies
nerveuses, berceau même de cette nouvelle entité morbide.

En créant l'expression, le docteur Pierre Janet y at-
tachait un sens particulier : il voulait réunir sous le
même vocable tout un groupe de symptômes, autrefois
mal classés, pour constituer ainsi une nouvelle entité
morbide, une nouvelle psycho-névrose, qui devait reléguer dans l'ombre la neurasthénie : les obsessions, les
manies, les phobies avaient désormais leur place bien
définie dans le cadre nosologique. Cette psycho-névrose
était très voisine de la neurasthénie. Elle se rappro-
chait, par un autre côté, de certaines formes de para-
noias. Pierre Janet la plaçait entre l'épilepsie et l'hystérie.

Le sens étymologique du terme même de psychasthénie se rapportait à « l'affaiblissement des fonctions

psychologiques ». Il pouvait, au premier abord, prêter à confusion.

L'insuffisance [du fonctionnement cérébral, en effet, n'est pas spéciale à la psychasthénie ; elle appartient aussi à l'épilepsie, à la neurasthénie, à l'hystérie, en un mot aux psycho-névroses caractérisées par aucune lésion anatomique, aucun trouble physiologique appréciable autre qu'un état d'engourdissement ou d'intoxication.

Aujourd'hui, on semble trop opposer l'un à l'autre les deux termes de psychasthénie et de neurasthénie, comme désignant deux affections contraires se rapportant, l'une aux troubles nerveux des diverses fonctions du corps, indépendants d'altérations des centres supérieurs psychiques, l'autre à des déviations mentales consécutives à des troubles primitifs du centre supérieur O.

Mais lorsqu'on analyse bien les faits, on trouve que le terme psychasthénie a sa raison d'être. Aujourd'hui, ce qui caractérise l'état neurasthénique, c'est un ensemble de signes qui marquent la dépression, l'affaiblissement de la force nerveuse. Ces signes ou stigmates portent sur le système sympathique et sur les organes de la vie végétative dont il règle le fonctionnement, comme aussi sur les organes de la vie de relation que commande le système nerveux cérébro-spinal. Or il y a des états neurasthéniques, à forme cérébro-spinale : ce sont les plus fréquents et les plus complets. D'autres prennent une forme exclusivement ou surtout cérébrale : on pourrait la désigner sous le terme plus précis de cérébrasthénie. D'autres enfin se traduisent par des symptômes exclusivement et surtout spinaux : c'est la forme

myélasthénique qui comprend les douleurs de dos, les
brûlures le long de la colonne vertébrale, l'impuissance
motrice, la fatigue rapide et le dérobement des jambes,
les engourdissements et les douleurs au niveau des
membres, les troubles digestifs.

Dès lors, c'est détourner fâcheusement le mot « psychasthénie » de la signification courante qu'il a prise,
s'il doit servir à désigner les phénomènes cérébraux
des neurasthéniques, c'est-à-dire leur céphalée d'un caractère spécial, l'insomnie, les vertiges, la fatigue rapide
de la vue : ces divers troubles ressortissent à la cérébrasthénie et non à la psychasthénie qui s'applique à
des insuffisances d'un autre genre.

La fatigue mentale du neurasthénique ne correspond
nullement à la fatigue mentale du psychasthénique de
Janet. Chez le premier, elle se traduit par de l'impuissance au travail cérébral, de la perte ou de la diminution du pouvoir d'attention, de l'amoindrissement de
la mémoire. Chez le second, ce qui la caractérise, ce
n'est point de l'inaptitude matérielle à entreprendre, à
mener à bonne fin, un travail « de tête » ; c'est un ensemble de processus mentaux qui vont donner à notre
malade une mentalité particulière complètement déviée.
La diminution de sa tension psychologique déterminera
un malaise mental, un état d'inquiétude, des sentiments
d'incomplétude d'autant plus forts que le sujet a mieux
conservé son intelligence. Par son impuissance à arriver à la certitude, il deviendra un douteur complet,
soit un douteur moral, c'est-à-dire un scrupuleux, soit
un douteur sur la nocuité possible d'un objet ou d'un
acte, c'est-à-dire un phobique.

Néanmoins, les barrières qui séparent nos deux groupes de malades, les psychasthéniques et les neurasthéniques, ne sont point nettement tranchées : entre les deux il y a place pour tous les intermédiaires et états mixtes.

Si la neurasthénie est surtout la maladie somatique du système nerveux, accidentellement, épisodiquement, sur cet état de fatigue, excellent terrain de culture, peut venir se greffer un psychisme pathologique dont les caractères sont empruntés à la psychasthénie. Tel neurasthénique deviendra par exemple, plus ou moins tardivement, un phobique ou un obsédé.

Mais, comme le disent les D⁰ Déjerine et Gauckler, « alors que les obsessions et les phobies du psychasthénique tiennent à un défaut de la mécanique mentale, défaut que l'émotion peut exagérer, mais qu'elle ne crée pas directement, il en va tout autrement chez le neurasthénique. Celui-ci ne devient, non pas à proprement parler un obsédé, mais plutôt un préoccupé, que secondairement, quand son contrôle intellectuel quand sa volonté devenus déficients, il accueille ses impressions et ses sensations et les laisse diffuser dans sa conscience parce qu'il est incapable de se reprendre. Il serait profondément inexact de considérer le neurasthénique comme ayant une constitution mentale de phobique et d'obsédé. »

Inversement un psychasthénique peut, au cours de ses crises d'angoisse, présenter un syndrome neurasthénique. C'est encore un malade mixte ; il y a un état neurasthénique surajouté.

Ce qui caractérise donc avant tout le psychasthénique, c'est sa constitution mentale anormale. Aussi pour le professeur Déjerine, a-t-il sa place marquée dans l'échelle des psychoses. Aux yeux du Maître de la Salpêtrière, la psychasthénie ne constitue pas une psychonévrose. Voyons donc les éléments constitutifs de cette psychose.

Pierre Janet a réuni, groupé sous ce terme général tous les phénomènes morbides désignés autrefois sous les noms d'obsessions, d'idées fixes, de peurs maladives, de phobies, d'impulsions conscientes. Ils étaient alors considérés comme des symptômes vésaniques appartenant à cette forme mal définie de psychopathie qu'on a tour à tour appelée : manie sans délire (Falret), monomanie (Esquirol, Marc, Georget), pseudo-monomanie (Delasiauve), folie lucide (Trélat), folie avec conscience (J. Falret, Baillarger, Ritti), paranoia rudimentaire (Arndt, Morselli), monomanie abortive (Spitzka). Morel distinguait ces troubles psychiques des états de folie, en les décrivant, à part, sous le nom de délire émotif, qu'il considérait, non comme une psychose, mais comme une névrose, comme une maladie spéciale de l'émotivité. Plus tard Magnan les décrivit comme syndromes épisodiques ou stigmates psychiques de dégénérescence. Enfin Régis les réunit sous le terme de neurasthénie cérébrale ou psychique.

L'obsession constitue le phénomène psychique principal de l'organisation mentale du psychasthénique. Ce n'est qu'un symptôme, et non une entité morbide. Car nous retrouvons des obsessions chez des dégénérés, chez des alcooliques, des épileptiques, des hystériques, des neurasthéniques, ou au cours d'états toxiques.

Sur quel terrain spécial, en dehors des états précédemment cités, ces obsessions, comme phénomènes isolés, éclosent-elles ?

Une première théorie veut que l'obsession soit le produit de la dégénérescence mentale. Magnan considère que les obsessions ne surviennent que sur un terrain de déséquilibration et de dégénérescence, dont elles constituent, au point de vue psychique, un des stigmates mentaux ou un des syndromes épisodiques les plus nets. Pour Séglas, cette opinion paraît trop absolue. On les observe chez des individus indemnes de toute tare dégénérative. Beaucoup de ces individus obsédés ne sont ni tarés, ni dégénérés tant au point de vue mental, qu'au point de vue physique. Ils sont intelligents pour la plupart. Aujourd'hui, l'on tend à admettre, d'une façon générale, que les obsédés, sans être des dégénérés ou des déséquilibrés, sont le plus souvent des désharmoniques, êtres complexes, hétérogènes, formés d'éléments disproportionnés, de qualités et de défauts contradictoires, aussi bien doués par certains côtés qu'ils sont insuffisants par d'autres. Possédant souvent à un haut degré les facultés d'imagination, d'invention et d'expression, ils ont les dons de la parole, des arts, de la poésie. On les admire souvent comme des artistes, comme des hommes supérieurs.

D'autres sont des originaux, des bizarres, des excentriques, que ce public désigne vulgairement sous le nom de maniaques, de toqués. L'obsession formerait donc l'apanage de ces êtres, dits dégénérés supérieurs, tandis qu'elle diminuerait de fréquence jusqu'à disparaître dans les formes les plus accentuées de la dégénérescence mentale. Selon l'opinion de Tamburini, la plus admissible, l'obsession constitue la forme la plus élémentaire du cadre de la dégénérescence mentale.

Quant à la théorie qui considère l'obsession comme

faisant partie intégrante de l'état mental des neurasthéniques, elle doit être rejetée entièrement. Il n'y a
pas de folie neurasthénique.

Enfin, la troisième théorie qui parut mériter tous les
suffrages est celle-ci : il faut distinguer deux formes
d'obsession : l'une la plus fréquente, sans conteste, la
forme dégénérative, congénitale, constitutionnelle ; l'autre, la forme accidentelle ou acquise. La première ré-
pond à la psychasthénie de Pierre Janet, la seconde
est une forme passagère qui survient au cours de maladies infectieuses aiguës.

Quelle est l'origine directe de l'obsession ? Les psychiâtres ont longuement discuté sur l'origine intellectuelle
et sur l'origine émotive. Aujourd'hui l'accord n'est pas
encore établi entre eux. Pour Morel, Féré, Séglas, Ballet,
Dallemagne, Régis, l'obsession est un état morbide fon-
cièrement émotif. « A la base de toute activité physique,
il y a un état émotionnel en rapport avec une excitation
locale ou générale, qu'elle soit perçue ou non. Les impulsions dites irrésistibles, que l'on qualifie aussi quelquefois à tort d'automatiques, sont toujours en rapport
avec une émotivité morbide, en conséquence de laquelle
une irritation, perçue ou non, détermine une décharge
qui, suivant qu'elle est plus ou moins rapide, est incons-
ciente ou consciente. » Le professeur Déjerine semble
se ranger du côté de Westphal qui voulait au contraire
que l'obsession soit un trouble avant tout intellectuel,
dont l'élément idéatif est le symptôme principal. « Il
nous paraît, dit-il, tout à fait légitime de distinguer,
l'obsession phénomène intellectuel, de la préoccupation,
phénomène d'origine émotive. Or si le neurasthénique
fait des préoccupations, il ne fait pas d'obsession. »

Séglas définit l'obsession morbide « comme caractérisée par ce fait qu'elle entraîne des réactions mal adaptées
à l'intérêt de l'individu et de l'espèce ». « Les rumina-
« tions d'un malade atteint de folie du doute, dit-il,
« les calculs d'un arithomane sont choses absolument
« inutiles ». Pierre Janet définit les idées obsédantes
« idées qui s'imposent à l'esprit d'une façon permanente,
non justifiées par leur importance ou leur utilité pratique. » Régis apporte une définition plus précise et plus
complète : « L'obsession, dit-il, est un syndrome morbide caractérisé par l'apparition involontaire et anxieuse
dans la conscience, de sentiments ou de pensées parasites qui tendent à s'imposer au moi, évoluent à côté
de lui malgré ses efforts pour les repousser et créent
ainsi une variété de dissociation psychique dont le dernier terme est le dédoublement conscient de la personnalité. » Nous avons ainsi la notion de l'élément émotif
qui se surajoute au phénomène morbide, du syndrome
d'anxiété ou d'angoisse, qui placera l'obsession à la fois
trouble mental et trouble nerveux, c'est-à-dire état mixte,
neuro-psychopathique, entre la névropathie et la psychopathie. En plus Régis nous renseigne déjà sur la lutte
intérieure qui s'établira entre l'obsédé et son idée.

Si les idées obsédantes ne sont point justifiées par leur
importance ou leur utilité pratique, cela ne veut point
dire qu'elles soient absurdes ou impossibles. Un esprit
religieux ne manque pas de logique, lorsque, hanté par
la peur de l'enfer, il a peur de commettre des sacrilèges.
Si, devenu psychasthénique, c'est-à-dire un insuffisant
psychologique qui a perdu la notion du réel, il est angoissé et anxieux à l'idée qu'il a pu se rendre coupable
d'un péché, si malgré tous ses efforts, il ne peut chas-

ser de son esprit la pensée de sa damnation, c'est là un raisonnement non invraisemblable. Cet esprit croyant, bien pénétré de la réalité de ses croyances, a raison d'avoir peur, puisque c'est toute sa vie future dans l'au-delà qui est en jeu : rien n'indique dans ce fait la défaillance de son jugement. Un public athée jugerait peut-être que toute la morbidité du fait réside dans le contenu de l'idée obsédante : une idée de blasphème, dirait-il, est une idée non justifiée par son importance et son utilité pratique; c'est donc l'indice d'un esprit malade, d'un cerveau détraqué. Non, il ne faut point juger ses semblables, avec son esprit à soi, toujours étroit et un peu borné, mais avec l'esprit de ses malades : ils pourraient eux aussi, dans bien des circonstances, crier à la morbidité de nos raisonnements. Voyons les choses plus largement, que la ligne de nos horizons s'étende loin; l'œil de l'observateur ne doit pas être obscurci par toute la série des obstacles que nous bâtissons avec nos conceptions individuelles et nos jugements *a priori*. Ne qualifions de morbides que les idées, qui par leur grossissement, leur domination, leur persistance entraîneront, chez l'individu, des réactions mal adaptées à son intérêt, à sa bonne direction, à la conservation de son être et de son espèce.

L'idée obsédante est encore caractérisée par ce fait qu'elle est toujours irrésistible. Elle tend à envahir tout le champ de la conscience, réduisant ainsi à son minimum l'activité intellectuelle volontaire.

La conservation de la conscience est un fait discutable pendant la crise paroxystique. Néanmoins, avant et après la crise, l'individu est généralement pleinement conscient. Ce caractère établit bien la différence avec

l'idée fixe pathologique qui est une véritable idée délirante rentrant dans le domaine de l'inconscient.

L'idée obsédante s'accompagne d'angoisse concomitante. Tantôt c'est une simple anxiété morale à un faible
degré. Tantôt c'est une anxiété doublée d'angoisse : il y
a des symptômes physiques surajoutés : anxiété précor-
diale, mal de tête, rougeur, pâleur du visage, sueurs
froides, tremblements, crises de diarrhée, pollakiurie.

Enfin l'idée obsédante se termine souvent par une
impression de satisfaction qui marque la fin du paroxysme, soit que le malade ait cédé à son obsession, soit
qu'il n'ait pu arriver à la vaincre. Mais les malades ne
sont ni fiers, ni heureux d'avoir de nouveau cédé à un
besoin, qu'ils trouvent ridicule ; ils sont fatigués et honteux d'eux-mêmes.

Tels sont les caractères de l'idée obsédante. Voyons
quel est le contenu habituel de ces idées parasites chez
le psychasthénique.

Les idées qui constituent l'élément intellectuel de
l'obsession sont infiniment variées. Le professeur Gilbert Ballet classait dernièrement, dans un cours, les
obsédés qui sont tous des douteurs, en trois catégories :
les douteurs métaphysiciens, les douteurs réalistes, et
les douteurs moraux. C'est dans la dernière classe que
se rangent le plus grand nombre de malades. Les idées
relatives à la morale constituent leurs préoccupations
dominantes : ces psychasthéniques ont peur de commettre ou d'avoir commis des vols, des assassinats, des
attentats à la pudeur, des actions délictueuses ou crimi-
nelles quelconques. Telle malade du professeur Gilbert
Ballet était hantée par l'idée de ne pas avoir payé une
visite. Elle revint plusieurs fois frapper à son cabinet,

lui disant : « Assurez-moi bien que je vous ai payé ma consultation. » — Telle autre femme douteuse craignait d'avoir manqué à ses devoirs conjugaux, un soir dans un bal, parce qu'au cours d'une valse, sa joue avait frôlé l'épaule de son danseur. La nuit, elle assaillait son mari de questions pour avoir une confirmation de son innocence ou de sa culpabilité. Le mari, après deux années de torture passées à subir ces interrogations continuelles, se décida à prendre l'avis d'un médecin. Sa patience était à bout. Il lui déclara : « Je vous conduis ma femme. C'est une honnète femme, mais j'aimerais mieux qu'elle m'ait trompé dix fois et qu'elle me fi... la paix ! » C'est dans ce groupe que nous rangeons les idées relatives à la religion. Ces malades ont des scrupules religieux, ils ont peur de souiller les hosties ou les eaux baptismales, de commettre des sacrilèges. Nous nous réservons d'étudier plus longuement la nature de ces idées religieuses au cours de la psychasthénie, puisqu'elles constituent le point important de notre travail. Nous ferons leur analyse dans un chapitre spécial.

Les douteurs métaphysiciens se posent des questions incessantes sur des sujets qui habituellement sont insolubles. « Pourquoi les feuilles sont-elles vertes ? » vont-ils se demander pendant des heures. Ils recherchent avec angoisse l'origine et la nature des pensées, la conception de la divinité, de la nature de l'infini.

Les obsédés réalistes sont hantés par des idées indifférentes, par une phrase banale, par un mot insignifiant, voire même par un sentiment tel que la tristesse, la jalousie ou l'amour. On se rappelle le malade de Baillarger, qui entrait dans une angoisse extrême à la vue d'une femme. Il fallait toujours qu'un ami l'accompa-

gne et lui réponde un oui ou un non très catégoriques
à la question que ce malade posait : « Cette femme est-
elle jolie, ou est-elle laide ? » On voit d'après cela que tout
peut fournir matière à obsession chez les psychasthéniques et qu'il existe autant de variétés d'obsessions qu'il
peut naître de sortes de pensées dans le cerveau humain.

Ces descriptions isolées de malades ainsi catalogués
ont le mérite de faire ressortir dans tous leurs détails
les particularités cliniques d'une obsession, mais cela ne
veut point dire qu'elles correspondent à des maladies
distinctes. Et il ne faudrait pas leur appliquer à chacune
une dénomination susceptible d'induire en erreur. Si
les uns sont surtout des scrupuleux, torturés par des
idées de blasphème, il n'y a pas lieu pour cela de créer
une nouvelle entité morbide dans le cadre nosologique.
La maladie du scrupule n'est qu'une variante, une modalité de la grande psychonévrose de Janet. Il ne s'agit
pas là d'une maladie spéciale. Et quant à la folie du
doute, elle n'a jamais existé en tant que phénomène
isolé : elle a toujours pour substratum l'état mental psychasthénique. Et même, comme le dit Régis, « lorsqu'on
examine les choses de près, on s'aperçoit que la plupart
des idées qu'on observe dans les obsessions, ne sont,
avec toutes les variantes, que comporte la pensée humaine, que des idées d'hésitation, d'irrésolution, de per-
plexité, pour tout dire, en un mot, de doute : si bien
qu'on peut dire sans crainte de se tromper, que le
doute anxieux est à la base de la plupart, sinon de toutes les obsessions. »

Nous avons dit que la conscience n'était pas conser-
vée pendant le paroxysme de l'obsession. Seulement,
dans les intervalles de calme, les vrais obsédés, selon

Séglas « ont conscience » de la nature pathologique des
symptômes obsédants qu'ils éprouvent. Leur personnalité peut être troublée ; ils arrivent ainsi à une sorte
de désagrégation du moi, et beaucoup ont conscience
de cette dissociation. Une malade de Séglas disait : « Je
me fais l'effet d'être double. Je me sens comme deux
pensées se combattant, une qui est bien la mienne, qui
cherche à raisonner, mais sans succès ; une autre qui
me serait en quelque sorte imposée et que je subis toujours. Dans tout cela, je finis par ne plus me reconnaître,
mes idées s'embrouillent et je ne puis démêler le vrai du
faux. » Comme on le voit, le sujet, ici, se rend compte
de la mise en présence de deux personnalités : l'une la
sienne propre active et volontaire, l'autre, contre laquelle
la première lutte, c'est-à-dire la personnalité passive ou
automatique. Outre qu'il a conscience de la réalité de
ces deux personnalités, l'obsédé sait les rapporter à son
propre moi. Si nous considérons au contraire le délirant systématisé persécuté, nous voyons que la personnalité propre tend à disparaître : le moi volontaire et
actif n'existe plus ; ce sont deux nouveaux moi, personnalités étrangères qui se sont substituées au premier :
l'une représente le système de défense avec ses hallucinations, ses stéréotypies, l'autre le système d'attaque.
Peu à peu ces deux personnalités meurent pour faire
place à une personnalité définitive, caractérisée par
l'ambition, nouvelle force agissante, qui dirigera toute
la conduite ultérieure du persécuté.

Outre les divers troubles de la conscience et de la
personnalité, nous trouvons, au cours des crises des psychasthéniques, certaines altérations des perceptions. Ces
malades ont des hallucinations d'une nature spéciale.

Jusqu'à ces derniers temps, il était de règle d'admettre que les états d'obsession ne s'accompagnaient jamais
d'hallucinations. Grâce aux travaux de M. Séglas, on a
démontré que l'hallucination ne devait pas être exclue
du cadre des obsessions. Elle peut affecter une forme
quelconque, être verbale ou commune, sensorielle ou
motrice, atteindre aussi la sensibilité générale. Mais
dans tous les cas cités, « on est immédiatement frappé
d'une chose, dit Régis, c'est que l'hallucination est pour
ainsi dire une matérialisation de l'obsession, la transformation de l'idée émotive en sensation extériorisée.
C'est en quelque sorte l'analogue de ces phénomènes
d'objectivation hallucinatoire, qui se produisent chez
certains peintres ou dans l'intoxication haschischique,
par exemple, où les pensées prennent corps et revêtent
les apparences sensibles de la réalité. En un mot, l'hallucination de l'obsession est ce qu'on pourrait appeler
l'hallucination représentative. Elle est surtout visuelle,
la pensée s'objectivant de préférence sous forme de
visualisation. Cependant, les manifestations hallucina-
toires peuvent reproduire toutes les sensations qui
composent le thème obsédant : c'est dire qu'elles va-
rient suivant les cas. » Les hallucinations visuelles génitales sont particulièrement fréquentes. Nous les dé-
crirons avec plus de détails, lorsque nous aurons à
analyser les représentations visuelles chez les obsédés
du sacrilège. Pour conclure, nous dirons que ces hallucinations des obsédés se différencient généralement de
celles des délirants, par le caractère suivant : les psychasthéniques se rendent compte de la valeur anormale
de ce phénomène psychique, qui n'est pas pour eux
une réalité. Ils disent eux-mêmes que ce sont des sor-

tes d'hallucinations, des irréalités. « Leur tourment, selon Pierre Janet, consiste précisément à douter de la réalité de ces images, à s'interroger sur leur existence. Le sujet a une sorte de « manie de l'hallucination » plus que l'hallucination réelle. »

Les psychasthéniques obsédés manifestent encore leur morbidité par divers troubles dans leurs actes, leur conduite, leur manière d'agir en somme. Ils peuvent présenter des impulsions et ils ont des tics.

« L'obsession impulsive, dit Régis, n'est rien autre chose que l'idée obsédante d'accomplir un acte quelconque, indifférent ou criminel. Cette idée surgit dans l'esprit inopinément, irrésistiblement, comme toutes les autres idées obsédantes, elle se dresse devant la conscience qui l'apprécie, la juge et le plus souvent la repousse après une lutte plus ou moins anxieuse ; mais elle n'opprime pas la volonté et n'aboutit pas nécessairement à l'exécution immédiate de l'acte qui forme l'objet de l'obsession. »

Les psychasthéniques, avant d'avoir des obsessions impulsives, ont d'abord la phobie de l'impulsion : Féré avait dit : « Toute idée d'un acte est un mouvement qui commence. » Cette vérité psychologique est contrôlée et justifiée par les faits cliniques. L'obsédé qui a la phobie de l'impulsion, n'est pas garanti, pour cela, contre l'impulsion. Au contraire, il s'achemine de plus en plus vers ce nouveau phénomène morbide. Ainsi, tel scrupuleux, qui vit continuellement dans la peur d'être poussé à commettre des sacrilèges, finit souvent par déclarer qu'il est poussé réellement à se rendre coupable d'une faute indigne. « C'est moi qui recherche le mal, qui vais au-devant du mal », nous disait l'abbé C..., atteint d'ob-

session génitale, lorsqu'il voyait une femme dans la rue.
Tantôt, il y a coexistence de phobie et de propension
impulsives, tantôt l'impulsion finit par supplanter complètement la phobie.

Néanmoins, nous croyons pouvoir dire qu'il faut
beaucoup de circonspection pour déterminer la part qui
revient à la phobie, et celle qu'on doit accorder à l'impulsion, dans les actes de nos obsédés psychasthéniques. Ces êtres émotifs, qui ont perdu la notion du
réel, exagèrent souvent leurs sentiments. Et à tout prendre, lorsqu'on analyse bien les faits, les impulsions
aboutissant à l'exécution sont exceptionnelles : il suffit
souvent d'une simple parole de réconfort et d'encoura-
gement pour immobiliser et réduire à néant toute tendance impulsive.

Généralement l'idée obsédante s'accompagne de lutte,
d'angoisse. Elle devient victorieuse et ne s'implante en
maîtresse dans le cerveau de nos obsédés, qu'au prix
de longs efforts, d'un système de défense savamment
combiné et dirigé contre elle. Quels sont donc ces
moyens d'action que l'obsédé a à sa disposition pour
organiser la lutte ?

Tantôt, il essaie de dominer l'obsession par un effort
de volonté, mais ce premier procédé ne réussit guère
et ne détermine le plus souvent qu'une recrudescence
de l'angoisse. Tantôt il emploie des moyens détournés,
il invente mille trucs pour créer une dérivation à son
esprit absorbé par l'idée envahissante : il crie, il chante,
il se promène. Un tel a la manie de la propreté, il se
lave les mains vingt, trente fois dans la journée. Pour
ne point contaminer les boutons de porte, il enrobe ses
doigts d'une serviette propre. L'obsédé enfin a recours

à ses tics. Ce sont là des mouvements conscients, si bien
que le sujet peut faire son tic à tel moment plutôt qu'à
tel autre, qu'il peut le supprimer momentanément, le
remettre à plus tard et le recommencer quand il le veut.
C'est en résumé un ensemble de mouvements systématisés, un acte reproduit régulièrement et fréquemment,
mais d'une manière tout à fait intempestive, inutile ou
incomplète, parce que la volonté se sent forcée de l'accomplir.

Ces mouvements sont, plus tard, spontanés et automatiques : volontaires peut-être au début, ils ne tardent
pas à devenir, par leur répétition même, des réflexes
en quelque sorte, c'est-à-dire de vrais tics d'habitude.

Tantôt, ce sont des tics de perfectionnement déter-
minés souvent par la manie de la tentation ; c'est le cas,
par exemple, pour les obsédés du sacrilège ou du scrupule chez qui, à chaque tentation obsédante, s'oppose
un brusque mouvement antagoniste de piété (une invo-
cation à la Divinité : oh ! mon Jésus ; Jésus-Marie ! —
un signe de croix, une génuflexion, une oraison mentale ou verbale). Tantôt ce sont des mouvements de
défense générale, des gestes faits pour réparer, pour
compenser quelque chose de fâcheux, pour se débarrasser contre une influence nuisible. C'est par exemple
un froncement de sourcils, un signe énergique de déné-
gation avec des phrases de ce genre : « Non, non, jamais ! », une grimace des lèvres, un tapement du pied.

Tous ces phénomènes morbides, obsessions, impulsions, agitation motrice, se présentent par crises plus
ou moins fréquentes, plus ou moins longues. Le psychasthénique n'est pas continuellement sous le coup
de ces désordres mentaux ; il a des périodes de grande

agitation avec angoisse et anxiété, comme il a aussi des périodes de repos au moins relatif. Ainsi, tel scrupuleux comme l'abbé C..., semblait oublier, pendant les repas, toutes ses préoccupations obsédantes ; ses tics de défense étaient à peine marqués ; il mangeait avec grand appétit et paraissait suivre avec une certaine attention la conversation de ses voisins de table. Les crises d'agitation forcée reprenaient à l'occasion d'un effort pour agir, d'une action volontaire. Disant sa messe l'abbé C..., s'arrêtait au moment le plus solennel du Saint Sacrifice, à l'Élévation. Pris par l'anxiété et l'angoisse, il ne savait que devenir : l'esprit envahi par ses « mauvaises pensées » il se voyait dans l'obligation d'aller immédiatement confesser les « nouveaux péchés » commis, sous peine de commettre un nouveau sacrilège, en continuant sa messe avec l'âme « empoisonnée » par une faute. Les personnes qui voulaient le retenir ne faisaient qu'augmenter l'angoisse ; après s'être abandonné de nouveau à ses « manies d'expiation », à ses tics, à ses confessions, il y avait chez lui comme une sorte d'apaisement, de détente physique et morale qui terminait son hypertension émotive et trop prolongée. Ce n'était pas une impression de satisfaction : il revenait soulagé, calmé, mais l'on sentait chez lui un sentiment de honte causé par l'ennui d'avoir cédé. Dans la rue, dans les promenades publiques, dans les musées, l'abbé C..., tenu par les convenances à garder une certaine correction, faisait de grands efforts pour supprimer ses « manies », ses invocations, ses gestes de défense. Mais aussitôt se peignait sur son visage devenu sombre cette impression de terreur, d'incertitude, d'inquiétude et d'affolement qui dévoile l'angoisse. Il était

pris de suffocation, d'étouffement, ses respirations
étaient plus courtes et plus fréquentes, des sueurs abon-
dantes perlaient sur son visage, ses mains devenaient
moites, autant de symptômes physiques qui traduisaient
l'anxiété.

Pour nous résumer donc, le psychasthénique rede-
vient anxieux toutes les fois qu'une nouvelle résolution
est à prendre, soit pour accepter telle chose, soit pour
la refuser. De même, les crises surviennent à l'occasion
de tout effort pour faire attention, pour croire, ou pour
nier, ou d'une concentration de l'esprit portant sur les
idées morales, sur le devoir, le mensonge, le crime.
Chez un certain nombre de malades, les angoisses déterminent des excitations génitales. Chez les uns, les
excitations et les érections sont en rapport avec les
obsessions érotiques, et l'on peut dire que ce sont les
rêveries du sujet qui ont amené l'excitation. Chez d'autres, l'excitation génitale se produit la première comme
une sorte de dérivation de l'angoisse ou de l'agitation
motrice, et les obsessions érotiques ne viennent qu'à
la suite.

En dehors des crises d'agitation forcée, quel est l'état
mental du psychasthénique ? Pierre Janet, dans son
livre sur les *Obsessions et la Psychasthénie*, a fait une
analyse admirable du caractère de ces psychopathes.
Avec beaucoup de faits cliniques à l'appui, il dépeint
leurs « manies », leurs « phobies », leurs troubles de la
volonté, de l'attention, leurs sentiments.

Les « manies » les plus fréquentes sont la manie du
présage ou de l'interrogation du sort. Telle celle de
Rousseau qui la décrivait dans ses *Confessions:* « La
peur de l'enfer m'agitait encore souvent, avouait-il.

Je me dis : « Je m'en vais jeter cette pierre contre l'arbre qui est vis-à-vis de moi ; si je le touche, signe de salut, si je le manque, signe de damnation. » Tout en disant ainsi, je jette ma pierre d'une main tremblante et avec un horrible battement de cœur, mais si heureusement qu'elle va frapper au beau milieu de l'arbre, ce qui véritablement n'était pas difficile, car j'avais eu soin de le choisir fort gros et fort près. Depuis lors, je n'ai plus douté de mon salut. » Pierre Janet signale encore les manies de l'au-delà, la manie du passé, la manie de l'avenir, les manies de la précision, de la vérification, de l'ordre, de la propreté, la manie des précautions, de la répétition, la manie de la remémoration, de l'explication.

Pour ce qui est des phobies des psychasthéniques, tout ce qui est susceptible de frapper leurs sens est également susceptible de devenir le point de départ d'une peur maladive. Comme le dit Régis, « ce qui spécifie l'état morbide, ce n'est pas l'objet quelconque sur lequel se fixe la peur, c'est le fait d'avoir peur d'un objet banal qui ne devrait normalement susciter aucun sentiment de répulsion ou de crainte ». Il y a dans la nature des choses qui instinctivement nous impressionnent désagréablement, nous répugnent : telle la vue d'un crapaud, d'un serpent, d'une limace, d'une araignée. Cela n'indique point une émotivité viciée et mal conformée. Mais nous dirons qu'il y a anomalie de cette faculté, lorsque en présence d'un brin de poussière, d'une épingle, d'un objet pointu, d'un couteau, tel sujet ressentira un véritable choc, un ébranlement général, lorsque le simple souvenir de cette sensation désagréable, de cette impression mauvaise, ravivera l'anxiété première. Les phobies des psychasthéniques sont innombrables, et toutes les classifications qu'on en a proposées n'ont rien de bien fondé.

Les psychasthéniques sont des insuffisants de la volonté : mous, indolents, dès leur première enfance on les classe comme paresseux. Ils sont surtout irrésolus, brouillons, ne pouvant ranger, mettre en place leurs bibelots. Très lents dans leurs actes, ils mettent des heures entières pour faire leur toilette, pour écrire une lettre. — Ils sont toujours en retard, et n'arrivent jamais à l'heure convenue aux rendez-vous : il y a chez eux absence totale de la notion de l'heure. Ce caractère de lambin prend souvent le type familial : les parents, les frères, les sœurs du psychasthénique ne peuvent jamais être exacts. Ils remettent toujours l'effort au dernier moment possible. Leurs actes sont mal ordonnés : ils achèvent rarement un travail commencé ; entreprenant beaucoup, ils ne finissent rien. Routiniers, ils recommencent indéfiniment avec ennui et tristesse la même existence monotone, étant incapables d'aucun effort pour la changer. Ce qui contrarie leurs habitudes, ce qui va contre leurs manies, les bouleverse : il faut qu'ils se couchent de la même manière, et occupent toujours la même place à table. Ont-ils des ennemis qui les trompent et les tourmentent ? ils ne savent ni lutter, ni se défendre contre eux. Ils sont très malheureux dans les internats, car ils deviennent les victimes, les souffre-douleur de tous leurs camarades. Pour avoir la paix, ils obéissent à tout le monde.

De par leurs troubles de la volonté, ils deviennent des grands timides. Impuissants à agir devant les hommes, ils évitent les occasions de se montrer, d'où ré-

sulte pour eux une tendance à rechercher l'isolement.
Qui n'a assisté au bouleversement de ces êtres, lorsqu'on leur demande, dans un salon, à se mettre au
piano? Ils perdent tous leurs moyens. D'autres, de
voir les yeux braqués sur eux, se prennent à rougir.
Ils rougissent même à la seule pensée qu'ils peuvent
rougir. D'autres enfin ne peuvent plus parler, en présence de quelqu'un; ils ont la voix rauque ou aiguë:
ou bien ils ne peuvent articuler les mots, et bégayent;
ou bien ils restent aphones. Le cas de Jean-Jacques
Rousseau est intéressant à cet égard. « Il était atteint,
dit Régis, de cette forme de phobie verbale, signalée
par le Dr Chervin, qui consiste à ne savoir que dire, à
bafouiller devant du monde, parfois même à rester coi
et à en souffrir au point de désirer s'anéantir et même
mourir sur-le-coup. Toute la vie de Jean-Jacques est
pleine de faits de ce genre. Je n'en citerai qu'un seul:

« Il y a trois ans, dit-il, qu'étant allé voir à Yverdun
mon vieil ami M. Raguin, je reçus une députation pour
me remercier de quelques livres que j'avais donnés à la
bibliothèque de cette ville. Les Suisses sont grands
harangueurs; ces messieurs me haranguèrent. Je me
crus obligé de répondre; mais je m'embarrassai tellement dans ma réponse, et ma tête se brouilla si bien,
que je restai court et me fis moquer de moi. Quoique
timide naturellement, j'ai été hardi quelquefois dans
ma jeunesse, jamais dans mon âge avancé. Plus j'ai vu
le monde, moins j'ai pu me faire à son ton. »

« Cette difficulté de parole tenait uniquement chez
Rousseau à une phobie verbale, manifestation de sa
timidité émotive. Elle ne se produisait, en effet, que
dans certaines occasions, devant du monde, lorsqu'il

avait de la crainte, qu'il était troublé. Lorsqu'il se trouvait à l'aise dans l'intimité et tout à fait pris par son
sujet, il était au contraire, paraît-il, d'une éloquence
rare et des plus entraînantes.

« Cette action inhibitrice d'une appréhension, d'une
idée émotive, s'exerçait chez Jean-Jacques, sur nombre
d'autres manifestations cérébrales, en particulier sur la
mémoire. Voici un fait typique à cet égard : A son arri-
vée à Gènes, au mois de juin 1754, Rousseau honteux
d'être exclu de ses droits de citoyen par sa qualité de
catholique, résolut d'entrer dans le culte de ses pères.
Il fut admis sans difficulté à la communion. Mais on lui
fit savoir qu'on se réjouissait de l'entendre parler devant
le consistoire.

« Cette attente, dit-il, m'effraya si fort, qu'ayant étudié jour et nuit, pendant trois semaines, un petit discours que j'avais préparé, je me troublai lorsqu'il fallut
le réciter, au point de n'en pouvoir pas dire un seul mot ;
et je fis dans cette conférence le rôle du plus jeune éco-
lier. Les commissaires parlaient pour moi ; je répondais
bêtement oui et non. »

Tels sont les effets de la timidité, grand facteur inhi-
biteur dans la psychasthénie. Elle peut les rendre abou-
liques et provoquer des amnésies partielles : l'évocation
des souvenirs est quelquefois pleine d'incertitudes.

Les psychasthéniques ont aussi des troubles de l'attention. Leur esprit est souvent distrait par quelque préoccupation vague. Ils ne se donnent jamais entièrement
à l'objet qu'on leur propose. Chaque fait provoque des
associations d'idées qui vont absolument à la dérive, sans
que le malade puisse les diriger. Plutôt tristes par nature,
ils recherchent la rêverie solitaire : les rêveries poétiques

et mystiques conviennent surtout à leurs dispositions mélancoliques. « Le cœur, dit Pierre Janet, joue chez eux un grand rôle : ils ont de grandes amours, d'autant plus grandes que l'objet en est surtout imaginaire. Presque toujours malheureux dans ces belles amours, ils ont d'énormes désespoirs. Ces émotions qu'ils craignent, ces amitiés qu'ils ont besoin d'obtenir et qui leur font défaut, ce monde hostile avec lequel ils redoutent d'avoir à se mesurer, ces résolutions qu'il faudrait prendre et qui sont toujours en retard, tout cela les met dans une inquiétude continuelle qui se traduit souvent en dehors par une agitation inutile. »

Les psychasthéniques sont intelligents. Et leur intelligence ne semble pas s'altérer. Bien souvent même, les scrupuleux paraissent doués supérieurement et capables de tout dans le domaine de l'esprit pourvu qu'on ne leur demande pas d'action. Portés d'eux-mêmes vers les questions de psychologie, ils font des analyses de caractères assez remarquables. Ils sont souvent très artistes. Beaucoup sont des musiciens, des dessinateurs, des littérateurs. Ils dédaignent les sciences exactes, comme l'arithmétique, la géométrie et l'algèbre: beaucoup sont incapables de calculer ; ils vérifient huit, dix fois une multiplication, ont toujours peur de faire une erreur. Il est évident donc que leur intelligence quoique développée, n'est pas complète ; il y a un équilibre mal établi entre leurs diverses facultés, ce qui crée nécessairement des lacunes. Ces incomplétudes permettront le développement de tous les troubles qu'ils présentent. Ils vivent dans l'avenir, surtout dans le passé, plutôt que dans le présent, et ils ont toujours l'esprit rempli de souvenirs et de constructions imaginaires. Il en résulte qu'ils adorent la poésie, la philosophie, la religion ; tout ce qui est vague, loin de toute démonstration précise et définitive et surtout loin de toute application pratique, les séduit de prime abord.

L'émotivité des psychasthéniques est souvent excessive : ils ont des émotions sublimes. Beaucoup sont des extatiques. N'ayant pas la notion du réel, ils s'inquiètent constamment : il semble qu'un grand malheur toujours les menace. D'autres se plaignent d'être indifférents : il leur manque pour les actes de la vie la sensation qui leur est propre et la joie qui leur succède. Au cours de leurs crises d'angoisse, ils ont souvent un sentiment perpétuel d'ennui, parce qu'ils ne font rien et aussi parce qu'ils n'éprouvent pas de sensations. Quelle que soit la situation, à laquelle ils parviennent, les scrupuleux en sont toujours mécontents, ils rêvent toujours mieux, toujours autre chose. Ces sentiments bizarres compensent les facteurs inhibiteurs de leur activité. A l'encontre de leur timidité, ils sont quelquefois le principe d'une activité utile, et peuvent leur inspirer des ambitions généreuses. Malheureusement, ces scrupuleux sont souvent arrêtés dans leurs actions, par la peur qu'ils ont de déroger à leurs principes d'honnêteté.

Pour terminer cette longue étude sur l'état mental des psychasthéniques, nous dirons donc qu'ils nous apparaissent comme de grands désharmoniques, êtres partiels et incomplets qui ont subi des arrêts ou des retards dans le développement de leurs diverses facultés. Ils sont des incomplets au point de vue physiologique, ils sont aussi des incomplets dans tous les phénomènes pathologiques qu'ils présentent. « Ils ont des impulsions, mais elles ne s'exécutent pas, ils ont des hallucinations, mais elles ne paraissent pas réelles, et ils ne sont jamais trompés par elles ; ils ont des idées obsédantes, mais ils savent qu'elles sont fausses ; ils sont les premiers à les mettre en doute. Ils ont des périodes d'agitation et des périodes d'immobilité, mais ils ne vont jamais jusqu'à l'attaque, ni jusqu'au sommeil. Ces crises n'amènent jamais l'amnésie ; ils se sentent dédoublés, mais ils n'ont jamais de subconscient et ils savent toujours très bien ce que pense la seconde personne. Ils n'ont point d'anesthésie complète, ni d'amnésie, ni de paralysie. En un mot, ils sont incomplets toujours et partout, mais jamais ils ne vont plus loin que cet état d'insuffisance générale. »

Les questions d'étiologie des états psychasthéniques sont non moins intéressantes que la description des phénomènes morbides. Il faut, pour devenir un psychasthénique, des causes prédisposantes et des causes occasionnelles ; les premières, les plus importantes, préparent le terrain ; les secondes, qui ont aussi leur valeur, mettent en mouvement toute la mécanique des désordres mentaux.

Les causes prédisposantes sont constituées surtout par un facteur de premier ordre qui est l'hérédité. Viennent ensuite, mais bien loin derrière, les influences du sexe, de l'âge et de diverses maladies.

« Les obsessions, dit Régis, sont très fréquemment héréditaires, et plus souvent peut-être que les autres psychoses, elles le sont sous la forme similaire ». Cela ne veut point dire néanmoins qu'un psychasthénique aura eu nécessairement dans ses ascendants des psychasthéniques ; l'hérédité dissemblable existe aussi dans une forte proportion, puisque, si nous considérons la statistique de Pitres et Régis, nous trouvons ces résultats : sur 100 observations d'obsédés ayant dans leur ascendance des tares névropathiques, 39 présentent une hérédité similaire, soit paternelle, soit maternelle, soit collatérale ; et 61 ont une hérédité dissemblable : le père ou la mère ou les collatéraux étaient ou des aliénés épileptiques ou hystériques, ou des alcooliques, ou des violents et des originaux.

La recherche des antécédents héréditaires est une question délicate pour le médecin. S'il se contente des renseignements donnés par les malades eux-mêmes, il risque d'être bien incomplet. Souvent on dissimule cette hérédité, soit que les malades y attachent peu d'importance, soit qu'ils aient peur de la dévoiler. Très fréquemment les parents que l'on interroge sont ignorants sur cette question. Ils savent bien qu'un tel de leur famille présenta, à un moment donné, des accès « de folie », qu'il dut être interné ; qu'un autre, alcoolique invétéré, devenu dément et désordonné, apporta le malheur dans son entourage. Leur conception, en matière d'hérédité des troubles mentaux, comporte surtout des idées de transmission de maladies similaires : pour eux, l'état d'obsession ne devient une maladie héréditaire qu'autant que l'un d'eux, le père ou la mère, était aussi un obsédé. De même, s'il s'agit d'aliénation mentale, pour que la maladie ait été transmise héréditairement à l'individu aliéné, il faut que les parents eux-mêmes ou les grands-parents aient été fous et internés.

Le professeur Gilbert Ballet aimait, dans ses cours, à discourir sur cette question. Il avait soin d'enseigner aux élèves qu'il fallait, lorsqu'il s'agit d'hérédité, s'en-

quérir surtout du caractère de chacun des membres de
la famille, et savoir dépister les tares névropathiques
bien plus dans les viciations morbides de tempérament
s'adaptant mal aux circonstances, que dans les renseignements donnés sur l'internement d'un tel, désigné
sous le terme général, vague et imprécis de « fou »,

Chez les ascendants des psychasthéniques, il n'y a pas
seulement des obsédés, des aliénés épileptiques ou hystériques, des alcooliques, des violents, des originaux, il
y a des sujets qui ne paraissent présenter aucune tare
névropathique. Mais lorsqu'on pénètre au fond des choses, on apprend que beaucoup étaient de grands timides, des susceptibles, des mystiques, des rêveurs. Toutes ces malformations de caractères disparaissaient sous
les dehors d'une intelligence assez vive, d'une imagination très développée, qui les faisaient considérer par le
public comme des êtres peut-être un peu bizarres, mais
« bien doués ».

Si les obsessions doivent être considérées comme des
syndromes constitutionnels, véritables tares névropathiques qui se transmettent par voie dégénérative des parents aux enfants, trouvons-nous chez les sujets qui en
sont atteints, les stigmates physiques habituels de la
dégénérescence? La réponse de Régis à cette question
est formelle. « La plupart des obsédés ont le crâne bien
conformé, les dents bien implantées, les organes génitaux normalement développés. Ils ne présentent même
pas plus souvent que les sujets réputés sains les petits
stigmates auxquels on était porté naguère à attacher
une importance fort exagérée. »

D'après leurs statistiques, Régis et Pierre Janet arrivent à conclure à la prédominance des phénomènes psy-

chasthéniques chez la femme. Et c'est dans la période
moyenne de la vie, entre vingt et quarante-cinq ans,
qu'on rencontre le plus d'obsédés. Les statistiques de
Régis portent une très grande fréquence des obsessions
de onze à quinze ans; ce qui semble bien démontrer
l'énorme influence de la puberté, surtout de « la puberté morale ». « C'est en effet l'âge, comme on l'a dit,
légèrement variable suivant les pays ou les milieux, où
tous les grands problèmes de la vie se posent simulta-
nément. Le choix d'une carrière et le souci de gagner
son pain, tous les problèmes de l'amour et pour quelques-uns tous les problèmes religieux : voilà des préoccupations qui envahissent l'esprit des jeunes gens
et qui absorbent complètement leur faible force de pensée. »

Enfin une dernière cause prédisposante a été signalée.
Elle serait pour Fread une condition physique suffisante
pour déterminer de toutes pièces la névrose : « L'étiologie spécifique de la névrose anxieuse, dit-il, est l'accumulation de la tension génésique provoquée par l'abstinence ou l'irritation génésique fruste. » « Elle aurait
presque toujours pour origine des pratiques irrégulières
de l'acte vénérien : le coït réservé des ménages dési-
reux de ne pas augmenter leur progéniture, les ca-
resses frustes des fiancés, l'impuissance relative des
maris dont les érections insuffisantes ou les éjacula-
tions trop rapides ne permettent pas à la femme
d'aboutir au spasme voluptueux. L'abstinence provoquée par le veuvage, la suppression brusque d'habitudes
anciennes de masturbation auraient souvent le même
effet. »

Divers faits plaident contre cette proposition, qui,

ainsi formulée, paraît bien absolue. Que des besoins
sexuels insatisfaits, des coïts incomplets, des fraudes
matrimoniales, soient fréquemment tant chez l'homme
que chez la femme, surtout chez cette dernière, la cause
déterminante d'une excitabilité nerveuse qui se traduit
par des émotivités morbides de formes les plus diverses, la chose est possible et suffisamment démontrée par
des observations nombreuses. Tous ces faits rentrent
dans le cadre de la neurasthénie sexuelle. Mais bien
souvent, leur interprétation manque de logique.

Si l'accumulation incomplètement satisfaite de l'excitation génésique doit être la cause principale et suffisante de tous les états d'obsession, pourquoi ne la
retrouve-t-on pas toujours à l'origine de l'affection ?
D'autre part est-il démontré par des statistiques dûment
établies que les ecclésiastiques, ceux qui sont soumis à
l'abstinence génésique, paient un plus lourd tribut à la
névrose d'angoisse que les gens du public non tenus
à la continence par des vœux de chasteté ? L'influence
de la satisfaction incomplète des excitations sexuelles
est indéniable. Mais de là à prétendre qu'elle est la
cause spécifique des névroses anxieuses, il y a de la
marge. Néanmoins elle corrobore ce que nous disions
de la part dominante jouée par l'hérédité dans l'éclosion des états d'obsession. Les pychasthéniques apportent en naissant un état constitutionnel spécial : ce
sont de grands insuffisants psychiques. Et de même
qu'ils sont insuffisants dans leurs opérations intellectuelles, de même ils sont insuffisants dans leurs manifestations émotives. Leur désharmonie rend l'émotion
sexuelle insuffisante, et partant, détermine la névrose :
ces insuffisances de l'émotion sexuelle ne sont donc

qu'une manifestation, un cas particulier de leurs insuffisances psychologiques. Les pratiques d'onanisme sont fréquentes au cours des états psychasthéniques : elles ne sont que la manifestation d'une déviation morbide de leur émotivité sexuelle. Comme Lasègue aimait à le rappeler, l'onanisme est souvent le symptôme d'une névrose cérébrale. Souvent la folie n'est pas consécutive à l'onanisme. Mais il existait un état cérébral qui a engendré l'onanisme.

En résumé, tous les troubles de la sphère génitale, coïncidant avec la puberté, l'âge critique, la menstruation, la lactation, exercent une influence sur l'éclosion des névroses anxieuses. Mais loin de présenter un caractère spécifique, cette influence est d'ordre secondaire et perd même toute sa valeur si l'hérédité n'est pas là comme cause prédisposante, et si même un choc émotif accidentel ne survient pas pour déclancher tous les phénomènes morbides. Et ce n'est pas seulement la névrose d'angoisse, mais toutes les névroses qui subissent l'influence déprimante des troubles de la sphère génitale.

Il nous reste à étudier, parmi les causes prédisposantes des états anxieux, une dernière cause, que nous avons constatée nous-même au cours d'idées obsédantes chez un scrupuleux. C'est la tuberculose ; il y a des relations certaines entre elles et l'obsession. Déjà on avait remarqué la fréquence de l'hystérie chez les tuberculeux. Briquet avait dit dans son *Traité de l'hystérie*, que l'éréthisme nerveux occasionné par la première impression de la tuberculisation peut déterminer un mouvement nerveux hystérique. Bru avait décrit l'euphorie du tuberculeux, sa tendance aux rêves poétiques, sa faiblesse irritable. Pitres et Régis, les pre miers, ont attiré l'attention sur cette coïncidence des états d'obsession avec les poussées congestives chez les tuberculeux. Nous avons nous-même signalé, dans une de nos observations, un cas qui nous avait paru intéressant : « L'abbé C..., bacillaire chronique, emphysémateux, eut une crise d'obsession, avec état anxieux très accentué, qui dura huit mois ; puis brusquement tous les phénomènes morbides rétrocédèrent, pour faire place à une nouvelle poussée congestive, fluxionnaire, du sommet pulmonaire gauche, qui s'accompagna alors d'amaigrissement et de pertes des forces.

Pitres et Régis ont observé trois cas de ce genre, où il exista une sorte de balancement très net entre le trouble psychique et les accidents pulmonaires.

Dans une thèse de 1906 du D' Gimbert, des cas analogues ont été rapportés. Dans une observation d'un malade, deux crises de lypémanie précédèrent des poussées congestives : il y eut disparition des phénomènes nerveux au moment des poussées congestives. Chez un autre malade, qui se rapproche plus du caractère de nos psychasthéniques, on signala des scrupules, des remords religieux, au moment des poussées fluxionnaires de ses sommets pulmonaires. Pierre Janet signale le cas d'une de ses malades, âgée de 45 ans, atteinte d'aboulies, de doutes, d'indécision, qui a été toute sa vie une psychasthénique grave présentant des tics, des ruminations mentales, des angoisses de forme variée. Pendant six mois qu'a duré une tuberculose à marche rapide qui l'a emportée, les aboulies, les doutes ont disparu et il n'y a plus eu l'ombre d'un phénomène psychasthénique. Tous ces faits établissent donc que la tuberculose agirait comme facteur prédisposant de la psychasthénie.

Il est enfin un facteur aggravant de toutes ces causes prédisposantes. C'est la déplorable éducation que reçoivent les psychasthéniques, qui ne fait que mettre au jour et exagérer les tares de ces esprits. Les psychasthéniques adultes ont tous été des enfants mal élevés ; leur éducation a été mauvaise, tant au point de vue intellectuel, physique, que moral ou religieux, non pas qu'ils ont été des enfants abandonnés et délaissés, mais leurs parents, leurs maîtres les ont mal compris. Ils étaient, dès leur enfance, des timides, incapables de parler, d'agir devant les autres hommes, des craintifs, des peureux, et leurs éducateurs ne leur ont donné que des leçons de prudence et d'abstention ; ils étaient de grands distraits, de grands rêveurs et on les a laissés pendant d'interminables heures d'études rêver derrière leurs dictionnaires. Ils étaient des scrupuleux, portés à la méditation et aux rêveries mystiques, et on leur conseillait les confessions générales fréquentes, les retraites dans les lieux de recueillement. Ils étaient des âmes éprises de beautés artistiques, et ils ont vécu dans le monde de l'irréel, de l'indéterminé, loin de toute réalité pratique. Lorsque l'heure des émotions eut sonné, ils ont connu alors les affres de l'angoisse et de l'anxiété !

Quelles furent donc ces émotions ? Ce sont tous les événements accidentels dont chaque vie est semée, qui viennent nous apporter tantôt la douleur, l'ennui ou la joie. Sans doute, ils nous préoccupent et nous obsèdent, mais si nous ne sommes point des sujets prédisposés, ils ne peuvent à eux seuls créer des perturbations psychiques. Mais chez les psychasthéniques toujours en état d'imminence émotive, le moindre incident peut fournir à leurs tendances innées l'occasion de se manifester sous une forme morbide persistante.

Ce sont les émotions morales qui déterminent le plus souvent l'apparition des obsessions. Et de ce groupe il faut distraire les préoccupations religieuses ; elles constituent fréquemment les premiers chocs émotionnels qui dès le jeune âge mettront en relief une constitution mentale mal ordonnée. Dans un chapitre, nous envisagerons la question de la première communion, de cet événement, qui bien des fois a été le point de départ de la première crise d'angoisse ou de scrupule.

Le problème de la vocation religieuse joue aussi un rôle important.

Dans l'ordre moral, ce sont les questions de mariage, les préoccupations conjugales, les querelles de famille, la mort ou les maladies de parents ou d'amis, les accidents survenus à des tierces personnes, la vue de chiens enragés, la vue d'épileptiques ou de fous.

Dans d'autres cas moins nombreux, c'est à la suite d'états maladifs divers qu'un sujet devient obsédé ; soit à la suite d'une opération chirurgicale, d'une maladie vénérienne, d'une maladie infectieuse, d'une grossesse, d'un état puerpéral, d'une ménopause. On ne saurait les ranger sous le terme de causes physiques : une opération chirurgicale ne va pas sans son cortège d'émotions morales qui l'accompagnent. Et peut-on dire que la peur du bistouri, la crainte de la mort n'a pas plus contribué au développement de l'obsession consécutive que les modifications organiques dues à l'intervention opératoire ? Peut-on prétendre que la peur des grands dangers que court une infectée puerpérale

Garban                                             6

ne trouble pas plus son émotivité que les viciations chimiques de ses éléments cellulaires empoisonnés par la toxine streptococcique ?

Les symptômes et les causes des obsessions étant bien définis, il nous reste à étudier la marche, la durée le pronostic, la terminaison des divers syndromes morbides signalés au cours de la psychasthénie.

La marche des obsessions est essentiellement chronique. Il y a bien une forme aiguë, mais elle est très rare, et plus rare peut-être qu'on pourrait le croire en lisant les observations. Sans doute, tel accès est survenu brusquement à la suite d'un choc moral, d'une infection, d'une intoxication ; il a duré un laps de temps variable, de quelques semaines à quelques mois, puis il s'est atténué et a disparu. Mais peut-on dire que la guérison a été complète, parce qu'elle a coïncidé, comme dans le cas d'origine toxique ou infectieuse, soit avec la disparition de l'intoxication de l'organisme, soit avec une poussée aiguë de tuberculose ? Qu'est devenu l'obsédé, du jour où il a été à l'abri de l'infection éberthienne, du jour où les bacilles de Koch ont perdu leur virulence ? Ne retrouve-t-on pas toujours chez ces anciens infectés, guéris de leur infection, les traces de leurs tares névropathiques, les marques de leur constitution mentale anormale ? — Il vaudrait mieux dire: la psychasthénie est une maladie essentiellement chronique, mais quelquefois ses phénomènes morbides prennent un caractère aigu, et semblent réveillés par une infection subite ou imprévue dont la guérison coïncide avec la rétrocession de ces sortes d'états de crises mentales.

Que se passe-t-il donc au début de cette maladie chronique? Le malade cache presque toujours ses pré-

occupations. Il n'avouera l'idée obsédante proprement
dite que très tardivement, d'abord parce qu'il en a honte
et ensuite parce qu'il ne peut pas arriver à la formuler
avec précision. Son âme, à l'origine du mal, est envahie
par des sentiments perpétuels d'inquiétude, de crainte
vague. Il a surtout au début des inquiétudes de confessions, puis il se préoccupe de fautes de sa vie passée ; il
a des remords. Vient la puberté, il s'inquiète sur ses organes génitaux. Un ennui perpétuel l'envahit ; il devient
un rêveur, un mélancolique : il a des amours excessives
pour un maître, pour un camarade. A certaines périodes,
honteux de fautes imaginaires, il voudrait s'humilier. On
remarque dans le public qu'il est d'une timidité bizarre,
excessive, qu'il manque d'énergie, qu'il n'a aucune initiative, qu'il est lent dans ses actes ; ou bien il a des
crises d'entêtement mêlé de bouderie. D'autres fois, il
tombe dans la tristesse ; on le surprend occupé à « ru-
miner », à méditer. Ses camarades, ses parents remar-
quent bientôt qu'il a un tempérament spécial et qu'il ne
raisonne pas comme « tout le monde » : ils l'entendent
répéter toujours certaines paroles, à voix basse : « Non,
non, je ne veux pas, va-t'en, va-t'en. Jamais, jamais »,
et ils le voient en même temps s'agiter et faire des gestes. Dès ce jour, notre psychasthénique est déjà un
anxieux.

Le plus souvent, sa maladie prendra le type rémit-
tent. Il aura des paroxysmes plus ou moins rapprochés,
entre lesquels il présentera des symptômes encore très
sensibles d'émotivité obsédante : il s'améliorera un peu
de temps en temps, mais jamais il ne reviendra complètement à la santé.

Moins souvent, ce sera la forme intermittente, où, dans

l'intervalle des crises, l'esprit est entièrement au repos.
Ainsi, il y aura un contraste absolu entre le matin et
l'après-midi : beaucoup plus malade aux premières heures du jour, le psychasthénique se relèvera et reprendra
l'état normal après le repas de midi. A l'époque des
menstrues, les rechutes surviendront avec aggravation
des symptômes. Enfin les saisons exerceront leur influence sur la marche de la maladie.

Quant à la forme continue qui ne laisse aucun repos
au malade, elle n'existe pas pour ainsi dire. Nous ne
connaissons pas d'état de mal psychasthénique, qui
correspondrait à l'état de mal épileptique.

La psychasthénie, comme on le voit, n'est pas une
maladie à évolution uniforme. Sa marche est d'une
grande variabilité. Et le syndrome obsession ne reste
pas toujours semblable à lui-même. L'histoire du psychasthénique ne va pas sans être émaillée de complica-
tions qui le transformeront souvent en un véritable psychopathe.

Les obsédés tendent à verser et versent souvent dans
l'aliénation mentale. « A la longue, dit Séglas, à mesure
que l'obsession dure, que les crises et les accès se répètent et se prolongent, que l'affection tend à revêtir
une forme presque continue, la conscience s'obscurcit
de plus en plus. »

« Le malade, dit Schuele, accepte l'idée obsédante,
qui prend place au milieu des autres pensées; la sépa-
ration disparaît et l'idée obsédante devient un délire
véritable. » L'obsession a tourné à la manie, en em-
ployant ce terme dans le sens usuel, extra-médical. Elle
est devenue une habitude que le malade ne raisonne
plus, qui fait partie intégrante de son être psychique.

Voilà donc notre obsédé devenu délirant. De la psychonévrose nous tombons dans la psychose vraie. Généralement le délire de l'obsédé revêt la forme mélancolique anxieuse, gémisseuse, lucide, avec attitude et gestes inquiets. Tandis que les états obsédants à symptômes surtout émotionnels, c'est-à-dire les phobies versent dans cette forme, les états obsédants à symptômes surtout intellectuels, l'obsession idéative, aboutiraient plutôt aux états paranoiaques, aux délires systématisés, particulièrement au délire de persécution.

Certains obsédés deviennent parfois de grands hypocondriaques délirants. D'autres évoluent vers la confusion mentale avec stupeur ou avec agitation délirante. « Telle voit le diable, croit être elle-même le diable qui a pris son corps, ses mains, ses pieds. Elle a établi un pacte avec lui : elle veut arracher ses yeux qui ont péché et elle cherche à les frapper ». D'autres enfin tombent dans la confusion des hébéphréniques.

Une terminaison possible de l'état psychasthénique est le suicide, qui a été signalé par Séglas. Les malades en arrivent à ce dernier moyen, parce qu'ils ne voient pas d'autre remède pour se débarrasser des tortures de l'obsession. Ils se donnent la mort, non pas sous le coup d'une obsession impulsive. Mais c'est logiquement, et par suite d'un raisonnement qu'ils mettent fin à leurs jours.

Quelques-uns, dit Pierre Janet, terminent leur maladie dans l'isolement et l'inertie: il y a suppression complète de toute activité qui concerne le réel et le présent. Ils sont dans l'incapacité de conserver aucune relation avec les hommes : ils n'aboutissent pas à la démence, mais à une démence spéciale qui ne supprime pas l'intelligence abstraite, mais qui porte sur l'action, sur les rapports avec la réalité.

Mais dans le nombre, n'y a-t-il pas des guérisons ? Certes oui : ces terminaisons que nous signalions n'attendent pas tous les malades qui ont versé dans la psychasthénie. Moins guérissable que la neurasthénie, a psychasthénie n'est pas un mal irrémédiable.

« Les scrupuleux, selon Janet, sont de moins en moins nombreux à mesure que l'âge s'avance : un très grand nombre, plus de la moitié, a dû guérir avant d'arriver à quarante ans. » Pitres et Régis déclarent, d'après les faits qu'ils ont observés, que « l'obsession s'atténue notablement lorsque les malades arrivent à toucher à a cinquantaine, soit que l'obsession persiste à l'état d'un simple résidu plus ou moins vague, soit qu'elle disparaisse même à peu près complètement.

Pour Janet, un grand nombre s'améliorent vers la fin de la jeunesse. « Ils oublient d'abord les obsessions proprement dites, mais conservent d'abord les manies, les tics, les phobies, puis, quand ils les perdent, ils restent simplement aboliques. Enfin, dans les cas plus heureux, l'aboulie tend à disparaître, au moins jusqu'à l'époque des rechutes. »

Sur quoi baser le pronostic de tous ces états obsédants ? Diverses conditions commandent la terminaison : elles se tirent à la fois du terrain et des caractères de l'obsession. Plus le terrain est dégénéré, plus les obsessions sont graves, d'une façon générale : plus l'hérédité est lourde, plus l'affection tend à aboutir à la chronicité, ou à verser dans l'aliénation mentale. D'une façon générale aussi, plus la cause occasionnelle prend de l'importance par rapport à la prédisposition, plus

l'obsession a des chances de guérison : les crises paroxystiques qui surviennent brusquement, au lendemain d'une
forte émotion, sont moins sérieuses que celles qui débu-
tent lentement et insidieusement à la suite de petites
contrariétés sans importance.

Il faut se méfier aussi de la prédominance de l'élément intellectuel dans les états obsédants. L'obsession
à forme intellectuelle offre une gravité particulière que
ne présentent pas les états obsédants entièrement ré-
duits à l'élément émotionnel.

Pour atténuer ce pronostic qui, somme toute, est
moins rassurant que celui de la neurasthénie, devons-
nous reporter toute notre confiance sur le traitement
symptomatique et pathogénique des obsédés ? Nous
discuterons ce problème important dans la quatrième
partie de ce travail. Avant de l'aborder, nous tenons déjà
à déclarer qu'il n'y a pas lieu de fonder de folles espé-
rances sur la thérapeutique médicamenteuse ou hygiéni-
que des états d'obsession, que la psychothérapie, cette
arme souveraine, si efficace dans la neurasthénie, compte
ici plus d'un échec à son actif.

Une seule arme reste à notre disposition : elle est
neuve, mais les éléments qui la composent sont tirés
des meilleures mines. Ne devons-nous pas compter sur
elle, puisqu'elle est l'arme rationnelle par excellence ?
Gardons donc toute notre confiance pour la science
prophylactique des psychonévroses, qui contient les
principes mêmes d'éducation de nos futurs psychasthéniques. Sachons découvrir, dépister, dans les familles
et les collèges, ces prédisposés, ces candidats au scrupule ; et guidés nous-mêmes par les enseignements des

maîtres en psychologie, sociologie, psychiatrie et neurologie, sachons leur donner des règles de conduite
qui les mettront à l'abri des terreurs de l'angoisse et de
l'anxiété.

# DEUXIÈME PARTIE

## LE SENTIMENT RELIGIEUX
## SES MANIFESTATIONS NORMALES
## SES DÉVIATIONS MORBIDES

---

### CHAPITRE PREMIER

La psychologie du sentiment religieux. Les éléments constitutifs de l'émotion religieuse. La « folie religieuse. »

Il n'y a pas de science possible des maladies de nos organes, sans la connaissance préalable de leur fonctionnement normal. Autrement dit, la pathologie repose sur les données fondamentales de la physiologie. L'une est le complément de l'autre, et finalement, les deux se complètent mutuellement. Tandis que la pathologie poursuit sa marche en avant grâce aux principes établis de la physiologie, les résultats acquis de la connaissance des maladies corroborent les lois mêmes de la physiologie.

Nous retrouvons ces mêmes vérités, lorsqu'il s'agit du domaine des réactions morbides psychiques. La

connaissance des maladies de l'esprit ne peut être une
étude sérieuse et complète, si elle ne repose sur les
assises solidement établies de la physiologie et de la
psychologie expérimentale. Et réciproquement, la psychologie pathologique, guidée par les enseignements de
la physiologie, jette une lumière d'un singulier éclat
sur nos notions de psychologie de l'état normal. « Elle
est, dit Ribot, un instrument de grossissement, elle
amplifie le phénomène normal : l'hallucination fait mieux
comprendre le rôle de l'image, et la suggestion hypno-
tique éclaire la suggestion qui se rencontre dans la vie
ordinaire ; elle est un instrument précieux d'analyse.
La pathologie, a-t-on dit justement, n'est que la physiologie dérangée et rien ne fait mieux comprendre un
mécanisme que la suppression ou la déviation d'un de
ses rouages. »

Tous ces raisonnements nous conduisent à dire que
l'étude de la « folie religieuse », que l'analyse des idées
mystiques qui poussent l'individu soit à des réactions
non adéquates au maintien de sa vie affective et intellectuelle normale, soit à la perte de son instinct de
conservation, et à la mort de son espèce, doivent avoir
pour substratum la connaissance psychologique approfondie du sentiment religieux. Il nous faut connaître les
réactions normales de ce sentiment, avant d'entreprendre la description de ses déviations morbides.

Mais déjà, sur ce point, nous sommes arrêtés par une
grande difficulté. Où, dans la nature, commence le normal, où finit-il ? Quelles sont les frontières de l'état
morbide ? La nature nous indique-t-elle qu'il y a un
fossé bien creusé entre le sain et le maladif ? Hélas
non ! C'est nous-mêmes qui le creusons ce fossé, armés

d'instruments bien fragiles, que nous appelons notre
intelligence et notre bon sens. Nos conceptions sur l'état
normal sont de pures constructions de l'imagination. Et
si le fonctionnement normal de notre organisme physique est chose malaisée à définir, combien plus difficile
est notre tâche lorsqu'il faut fixer une norme pour l'organisation psychique, autrement plus complexe et plus
instable. Sur quoi nous baser pour établir des barrières
entre les manifestations normales d'un phénomène affectif, comme le sentiment religieux, et ses manifestations
pathologiques? Le problème est embarrassant. Force
nous est de nous en remettre à l'opinion d'un maître
compétent, très versé dans ces questions, et d'adopter,
comme l'indique Ribot, les caractères qu'il a proposés
qui servent de marques pathologiques, de critérium
pour distinguer le sain du maladif, dans l'ordre affectif.
Féré pose, comme principe, qu'une émotion peut être
considérée comme morbide:

« 1° Lorsque ses concomitants physiologiques se présentent avec une intensité extraordinaire;

« 2° Lorsqu'elle se produit sans cause déterminante
suffisante;

« 3° Lorsque ses effets se prolongent outre mesure. »

Avant d'aborder la question des idées religieuses à
l'origine et au cours de la psychasthénie, nous avons
tenu à définir le sentiment religieux. Cette analyse est du
ressort des études médicales. Nos psychiatres modernes,
qui veulent décrire la « folie religieuse » ne peuvent le
faire sans une étude préalable très approfondie du sentiment religieux, de ses éléments constitutionnels, de sa
genèse, de son évolution chez l'individu, de ses transformations au contact des races diverses. Se servant des

enseignements des maîtres de l'École psychologique moderne, ils disent avec Ribot : « Le sentiment religieux est une émotion, et comme telle, il doit rentrer dans le domaine de la pathologie mentale. C'est une émotion complète avec son cortège de manifestations physiologiques. »

Le sentiment religieux doit donc être étudié comme une émotion. Et ce n'est pas à la psychologie à soutenir qu'une seule religion est vraie et toutes les autres fausses, à prétendre que toutes sont également fausses. Il n'est pas non plus dans ses attributions de discuter la valeur, la légitimité d'un parti religieux, de défendre la nécessité d'une croyance religieuse. Le psychologue, qui veut une peinture naturelle et réaliste de l'être humain, considéré comme individu religieux, n'a que faire de ses connaissances sur l'authenticité de textes anciens, ou sur le bien fondé d'une révélation.

Pour lui, comme on l'a dit, « le sentiment religieux est un fait qu'il a simplement à analyser et à suivre dans ses transformations, sans aucune compétence pour discuter sa valeur objective ou sa légitimité ».

Il y a, dans tout sentiment religieux, trois éléments à considérer : un élément intellectuel, un élément moral, un élément esthétique. A ces trois éléments correspondent trois formes d'émotions concomitantes. Elles sont variables d'intensité suivant le degré de culture des individus, suivant aussi les dispositions naturelles des peuples. De toutes façons l'émotion religieuse, qu'elle soit d'ordre intellectuel, moral ou esthétique, comprendra, « outre l'état purement psychique, une résonance somatique, un ébranlement de l'organisme : il y aura des changements dans la circulation, la respiration et les fonctions en général ; on remarquera des mouvements, des gestes et des actes qui constitueront son mode d'expression. »

Le sentiment religieux n'est pas un phénomène pathologique, comme le veut Sergi. Il y aurait à ce compte beaucoup de malades ; car les âmes religieuses se recrutent dans la plus grande partie du genre humain. Toute société a une religion. Et les individus dénués de tout sentiment religieux sont bien rares.

Néanmoins ce n'est pas un sentiment universel et des individus très normaux peuvent être insensibles à l'émotion religieuse. « Sans doute, comme le dit Ribot, aucun homme normal, vivant dans une société, ne peut être fermé aux idées religieuses, en ignorer l'existence, l'objet, la signification ; mais elles peuvent n'avoir sur lui aucune prise, rester dans son cerveau comme une chose étrangère ; sans susciter aucune tendance, aucune émotion ; elles peuvent être conçues, non senties. » William James confirme l'opinion du psychologue français. « Certaines personnes ne se convertissent jamais et seraient peut-être incapables de se convertir dans n'importe quelles circonstances. Les idées religieuses ne peuvent pas devenir le foyer central de leur énergie morale. Ce sont peut-être de très honnêtes gens, des serviteurs de Dieu au point de vue pratique, ce ne sont jamais des enfants de son royaume. »

Comme tout sentiment, le sentiment religieux évolue, et se transforme sous diverses influences. Nombre de facteurs conditionnent ses modifications. C'est d'abord l'âge. Chez l'enfant, comme chez le sauvage, l'émotivité l'emporte sur le raisonnement et l'intelligence. Il a d'abord peur ; il craint Dieu qui le punira s'il n'est pas

sage. Il le redoute plus qu'il ne l'aime, parce que c'est
un Dieu méchant qui envoie au feu éternel ceux qui
n'observent pas sa loi. Les aspirations religieuses du
sauvage ont beaucoup d'analogies avec les premières
croyances de l'enfant. Lui aussi a peur des foudres
célestes. C'est la peur à ses divers degrés, « depuis la
terreur profonde jusqu'à l'inquiétude vague due à la
la foi en une puissance inconnue mystérieuse, insaisis-
sable, pouvant beaucoup servir et surtout beaucoup
nuire. »

Plus tard, à la terreur, à la crainte, se surajoute une
idée d'espérance. L'individu a foi dans une récompense
future. Il éprouve alors de la sympathie pour Dieu. Par
le développement de son intelligence, il arrive à concevoir Dieu avec tous les attributs attachés à l'idée de
divinité. Sa sympathie pour un Dieu bon, qui le dédom-
magera des souffrances terrestres, se transforme peu à
peu en vénération, en admiration, en amour. Enfin le
suprême degré de l'émotion religieuse est constitué par
le ravissement et l'extase. Un nombre très restreint
d'âmes religieuses, particulièrement douées, atteignent
à cette perfection, à ce degré de l'amour divin. La piété
constitue pour elles un foyer d'énergie personnelle qui
n'a rien de commun avec les craintes et les convoitises
vulgaires. « Une extrême affliction, au dire de William
James, peut changer en consolations certaines douleurs,
transformer en joies bien des sacrifices... Dans la fer-
veur d'une émotion d'où l'égoïsme a disparu, les précautions mesquines et les ressources matérielles sont
indignes d'une âme qui se repose en Dieu. » L'é-
motion religieuse se transforme, chez les saints et les
grands mystiques, en idée-force, inhibitrice des mou-

vements réflexes douloureux. « Plusieurs d'entre eux,
d'après les D" Camus et Pagniez, arrivaient graduelle-
ment d'abord à supporter la souffrance physique et
morale avec patience, puis avec résignation ; ils pouvaient
en outre souffrir non seulement sans que la douleur
s'accompagnât d'aucun signe extérieur, mais encore ils
parvenaient à remplacer les signes habituels de la souffrance par ceux de l'indifférence et même de la joie.
Et nous ne parlons pas ici de malades atteints d'anesthésie ou de perversion de la sensibilité et qui doivent
exister chez les hommes religieux comme parmi les
autres, nous parlons d'hommes ayant une sensibilité
normale, et la meilleure preuve qu'on puisse en donner, c'est qu'ils souffraient réellement, car plusieurs
traduisaient leurs souffrances par des plaintes et par
les caractères de la douleur, quand leur volonté se trouvait en défaut. »

Dans la vie de l'individu, certains facteurs produisent
une sorte d'inhibition de l'émotion religieuse, d'autres
la réveillent. Les deux grandes périodes de la vie génitale, la puberté et la ménopause influent sur l'orientation des idées religieuses de l'individu. Chez d'autres
c'est la sénilité. « Ceux qui vont mourir et qui voient
approcher l'heure du règlement des comptes, comme
ils s'empressent de mettre leur âme en ordre ! Il leur
semble qu'il n'y a plus de tentation possible ! » Les
facultés religieuses peuvent aussi être étouffées par des
croyances paralysantes. L'étude des sciences exactes
qui conduit souvent au matérialisme, peut refroidir
bien des âmes généreuses, et les faire aboutir à une
incrédulité absolue.

Lorsque les actes religieux ne sont plus conformes à

la raison, qu'ils ne présentent plus ce caractère de conférer la force morale, lorsque, de plus, ils entraînent chez l'individu des réactions non adéquates au maintien de sa vie intellectuelle et affective normale, nous pouvons dire qu'ils deviennent des phénomènes pathologiques.

L'étude de l'émotion religieuse devenue émotion morbide nous conduit à envisager la question de la « *folie religieuse.* » Ses manifestations comprennent des formes dépressives et des formes exaltées. Au premier groupe appartiennent les psychasthéniques et les délirants mélancoliques. Leurs idées religieuses sont essentiellement tristes : ce sont des idées d'auto-accusation, de réprobation, de damnation. Dans le second groupe se rangent les états extatiques et toutes les formes de théomanie.

La « *folie religieuse* », conclurons-nous, ne représente pas une entité morbide distincte. « Aujourd'hui, selon le professeur Gilbert Ballet, les cas de prétendue « *folie religieuse* » se répartissent dans les psychoses les plus différentes. » Il y a des délires religieux, mais tous ne doivent pas être groupés sous le même vocable. Les uns appartiennent à la psychose sytématisée essentielle et progressive, ou aux délires des dégénérés. D'autres rentrent dans le cadre des psychoses généralisées telles que la mélancolie, la folie à double forme, la confusion mentale. Le contenu de l'idée délirante ne caractérise en rien la psychose. Primitivement, un trouble de l'affectivité a existé qui a modifié, bouleversé les sentiments de l'individu. Celui-ci est devenu soit un persécuté, soit un ambitieux, soit un auto-accusateur. La couleur de son délire varie et revêt une forme adéquate à ses inclinations naturelles, à son tempérament, à son éducation.

# CHAPITRE II

## Les idées religieuses à l'origine et au cours de la psychasthénie

Les idées religieuses, chez les psychasthéniques, comptent parmi leurs sujets de préoccupation les plus fréquents. Elles constituent le thème le plus habituel de leurs idées obsédantes. Nous les retrouvons tantôt à l'origine, tantôt au cours de leurs crises d'obsession. Une émotion religieuse a-t-elle déterminé l'accès paroxystique ? Dès ce jour, le psychasthénique peut verser dans le scrupule religieux qui deviendra son obsession dominante. Ou bien, l'émotion religieuse peut n'être qu'une cause occasionnelle banale, qui n'influera en rien sur la direction ultérieure des idées obsédantes. Enfin les idées religieuses surviennent quelquefois épisodiquement chez des psychasthéniques, sans qu'aucune émotion de nature religieuse n'ait présidé à l'éclosion des phénomènes anxieux.

Ces idées, par leur prédominance, ne peuvent suffire pour légitimer la désignation nouvelle qui devait caractériser les troubles de certains obsédés. Les scrupuleux rentrent dans le groupe général des douteurs. La « *maladie du scrupule* » n'est qu'un chapitre de la maladie

du doute, laquelle elle-même n'est pas une entité nosologique bien définie, mais une simple manifestation
morbide symptomatique de la psychasthénie.

Dans la plupart des observations d'obsédés anxieux,
il est une date qui marque l'apparition des premiers scrupules religieux. C'est l'époque de la première communion : tout y prête. Ces sujets, déjà portés par leur nature spéciale, à s'analyser, trouvent dans les confessions
générales, dans les examens de conscience répétés,
dans les sermons préparatoires, de puissants éléments
pour élaborer leurs ruminations mentales, leurs accu-
sations, leurs remords. Souvent quelques années après
leur première communion, à l'occasion d'une nouvelle
retraite l'idée, leur vient qu'ils ont peut-être omis quelque chose dans la confession générale qui a précédé le
grand acte solennel. Ils tombent alors dans une profonde tristesse, ils voient partout l'enfer qui les attend.
L'idée de leur damnation les hante continuellement.

Quelques-uns de ces scrupuleux entrent dans les
ordres religieux. Il leur faut des directeurs de conscience doués d'une grande patience. A certaines périodes
ils se confessent plusieurs fois par jour, tourmentés
toujours par « quelque chose qu'ils n'ont pas dit ».

Ces idées religieuses qui absorbent l'esprit des psychasthéniques, sont-elles des idées délirantes ? On connaît les distinctions subtiles qui ont été établies entre
l'idée fixe, ou idée prévalente, et l'idée obsédante. Ces
phénomènes psychologiques sont d'ailleurs par essence
même très difficiles à définir.

L'idée obsédante, de même que l'idée délirante, n'est
pas toujours une idée absurde et impossible. Elle diffère, dit-on, de la seconde, en ce qu'elle est reconnue

fausse, étrangère et en discordance avec le moi. L'idée délirante, au contraire, est acceptée comme vraie et identifiée à la conscience. L'obsédé se rend compte qu'il n'a pas tout à fait raison de croire que telle chose peut exister ; mais, de par sa mentalité, il ne peut arriver par lui-même à la certitude. Il lui faut l'affirmation d'une personne étrangère, pour être convaincu. Ce qui montre bien que c'est une vieille erreur que de se figurer la croyance toujours déterminée par des raisons et le doute par des arguments. Nos croyances, nos convictions, nous les tenons bien plus de notre affectivité, que de notre intelligence, de notre raison. Tel douteur dit par exemple : Je vois parfaitement les détails de tel objet, mais je ne puis arriver à me convaincre de la réalité de cet objet : il faut ou bien que je le touche, ou bien que je sente que mon entourage a la conviction que c'est tel objet. Alors je crois tout de même à la réalité de cet objet.

Bien souvent, il n'y a que des différences de degré entre la croyance de l'obsédé à son idée et celle du délirant. De tous les obsédés, le scrupuleux est celui qui peut le plus facilement s'acheminer vers le délire. Ses craintes portent sur des questions métaphysiques, qu'il ne peut arriver à résoudre : il croit à sa damnation ; il cherche à connaître quel châtiment de Dieu lui est réservé. Quelquefois, c'est un délirant interprétateur.

Le thème le plus habituel des obsessions du scrupuleux est assez varié. Il porte sur des idées d'auto-accusation, de persécution, de défense, sur des idées érotiques.

Tantôt il s'accuse de sacrilèges, de fautes, de péchés, qu'il n'a pas déclarés dans ses confessions : toute sa vie n'est qu'une accumulation de crimes religieux. Il en conçoit un remords profond. Toute sa vie est à refaire. Mais comment racheter le passé? L'abbé C... nous disait : « Je ne peux pas enlever le passé. J'ai un passé qui me déshonore. Vous ne me connaissez pas, et vous ne me connaîtrez jamais. » Il se reprochait sa vocation : « Je n'ai jamais eu la vocation de prêtre », disait-il.

Tantôt il se plaint d'être l'objet de persécutions de a part du démon. « C'est le démon qui me pousse à blasphémer, à penser aux mauvaises choses, murmurait l'abbé C...» Le scrupuleux est souvent un persécuté atteint de démonopathie. Il se croit un possédé du démon.

Ce persécuté n'est pas un résigné. Il se défend contre son persécuteur qui lui inspire de mauvaises pensées. A chaque tentation obsédante il oppose un brusque mouvement antagoniste de piété, soit un signe de croix, une génuflexion, une oraison mentale ou verbale. Ce sont des invocations de ce genre : « Oh! mon Jésus,... Jésus, Marie, venez à moi. » D'autres fois c'est un ordre formel : « Va-t'en, Satan. » Les traits de l'obsédé peignent alors son mécontentement, la rage qu'il apporte dans la lutte contre son adversaire. L'abbé C... s'emparait brusquement d'un couteau de cuisine, le dressait en l'air, comme pour jeter un défi à son persécuteur.

Enfin le scrupuleux a des idées érotiques, qui prennent la forme d'idées de persécution, d'idées de possession. Le démon est toujours en lui ou auprès de lui qui lui suggère des pensées lubriques.

Dans les cas d'obsession religieuse, ces idées érotiques peuvent présenter un caractère particulier, auquel certains auteurs ont donné le nom *d'idées de contraste*. C'est lorsqu'elles se trouvent en contradiction complète avec les tendances du sujet. Ces idées de contraste sont constituées au fond par deux pensées associées: l'une d'ordre élevé, et en tous les cas infiniment vénérable aux yeux du sujet, et l'autre une pensée basse, ignoble. Tel obsédé voulant faire une prière, une oraison, il lui vient une impiété, une injure grossière à la pensée ou à la bouche. Un cas, observé par Pierre Janet, est intéressant par sa grossièreté. « Un homme de quarante ans après beaucoup de tergiversations, nous fait l'aveu de ce qui le tourmente jour et nuit. Il vient de perdre, il y a deux ans, son père et son oncle pour qui il avait la plus grande affection et la plus grande vénération : il les pleure, cela est naturel. Va-t-il être obsédé par l'image de leur figure comme une hystérique pleurant son père? Non. Il est obsédé par la pensée de l'âme de son oncle. Mais ce qui est effroyable, c'est que l'âme de son oncle est associée, juxtaposée ou confondue avec un objet répugnant : des excréments humains. « Cette âme gît au fond des cabinets, elle sort du derrière de M. un tel, etc., etc. » Il fait une foule de variations sur ce joli thème et il pousse des cris d'horreur, se frappe la poitrine: « Peut-on concevoir abomination pareille, penser que l'âme de mon oncle, c'est de la m... » Une malade de Pitres et de Régis, « jeune fille de seize ans, était obsédée, au moment de sa prière, par une idée impure, avec représentation visuelle d'un derrière, de la nature d'un homme, et tendance à dire au lieu de : « Mon Dieu ! je n'adore que Vous ! » — « J'adore ça. »

En raison de la nature même des idées religieuses de l'obsédé scrupuleux, celui-ci ne peut être qu'un triste, un mélancolique. Sa réaction émotive se fait essentiellement sous forme d'une mimique douloureuse, tantôt passive, tantôt active. La réaction douloureuse est-elle passive ? il y a diminution de l'activité générale. Chez l'obsédé, on remarque surtout des insuffisances de l'attention et de la mémoire qui constituent des doutes tout particuliers, des insuffisances de la volonté qui forment d'innombrables variétés de l'aboulie. L'existence de ces insuffisances est antérieure aux crises d'agitation, et, comme le dit Pierre Janet, « c'est précisément parce que depuis un certain temps ils sont incapables d'agir, de se décider, de croire, que la nécessité de ces actes détermine l'agitation. »

La réaction douloureuse agitée est caractérisée par des sortes de crises d'agitation forcée. Ce qui la constitue, ce sont des phénomènes d'interrogation, de calcul, de conjuration, de tics, de troubles respiratoires et cardiaques. Les malades « font des mouvements tout à fait insignifiants, qui ne sont même ni mauvais, ni dangereux. Ils s'agitent, ils crient, ils menacent, mais en réalité, ils ne font de mal à personne et ne cassent que des objets insignifiants auxquels ils ne tiennent pas. Ces crises commencent à l'occasion d'une action volontaire, qui par suite de circonstances devient nécessaire. Elles se terminent quand il n'est plus question de cet acte primaire que le malade ne pouvait plus faire. »

# CHAPITRE III

## Diagnostic

*Les idées religieuses des psychasthéniques et l...
délires religieux dans les psychopathies.*

Avant d'aborder la discussion du diagnostic des obsessions religieuses des psychasthéniques avec les délires religieux des psychoses, nous ne devons pas passer
sous silence les éléments principaux qui distinguent
l'obsédé scrupuleux du neurasthénique.

Le neurasthénique a lui aussi des idées fixes qui l'obsèdent, mais elles ne sont pas en discordance avec le
cours régulier de ses pensées. Préoccupé le plus souvent de sa santé, il a peur d'avoir telle ou telle maladie.
Souffre-t-il de la tête, ne serait-ce pas une méningite
qui commence? Sa mémoire lui fait-elle défaut, ne va-
t-il pas devenir fou ? Il a bien quelquefois des idées
religieuses, il s'inquiète de ne pas pouvoir accomplir
convenablement ses devoirs religieux. Mais ce sont là
surtout des craintes, des appréhensions, dont on peut
distraire son attention, en le raisonnant, en l'obligeant
à réfléchir et à comprendre.

L'obsédé qui a des scrupules religieux ne se plaint

pas de sa santé. Il a d'ailleurs conservé toute sa vigueur physique. La peur d'accomplir des actes criminels, de commettre des sacrilèges est une peur intellectuelle et raisonnée qui s'impose irrésistiblement à sa conscience. Mais chez lui, il y a deux moi: l'un qui s'émeut de ces craintes, l'autre qui reconnaît leur absurdité. Il lutte et il traduit au dehors ce combat intérieur par une grande agitation motrice, des exclamations, des invocations et des mouvements brusques. De ce dédoublement conscient de la personnalité, de ces efforts, de cette lutte, de cette agitation forcée, il n'existe pas trace chez le neurasthénique.

Les caractères distinctifs qui séparent l'obsession religieuse de certains délires observés dans les psychopathies, sont beaucoup moins précis. Et ce qui complique la difficulté du diagnostic, c'est que nous avons aujourd'hui la notion que les obsédés peuvent verser dans l'aliénation mentale.

Par sa réaction émotive qui est manifestement triste et douloureuse, le psychasthénique scrupuleux se rapproche du mélancolique. Par la nature et le contenu de ses idées obsédantes, il a beaucoup de ressemblances avec le persécuté mélancolique.

Une des psychoses avec lesquelles la confusion est le plus facile est la mélancolie anxieuse. Dans cette forme de mélancolie nous retrouvons cette même agitation inquiète, avec exclamations, gémissements, que nous avions signalée dans les crises d'agitation forcée des psychasthéniques. Comme eux, les mélancoliques anxieux traduisent leur émoi par des plaintes entrecoupées, des gestes saccadés, des actes purement automatiques et toujours les mêmes. Ils répètent constamment:

« Misérable ! », « Ah ! mon Dieu ! », « C'est l'enfer ! »,
« C'est le démon ! », « Je suis perdu ! ». Leur délire
porte sur des idées de maléfices, de sorcellerie, de damnation, de possession par le démon. Enfin une de leurs
particularités symptomatiques, signalée par Culleire,
est l'excitation sexuelle.

Le psychasthénique se distingue du mélancolique
anxieux par les altérations des perceptions conscientes à peine marquées chez lui. Les hallucinations ne
paraissent pas réelles. Elles sont plutôt des phénomènes d'objectivation hallucinatoire que de vraies hallucinations. Leurs tentations impulsives ne sont pas con-
tinues : elles surviennent brusquement à l'occasion d'un
effort volontaire. Et lorsque la pensée de l'effort est passé,
l'obsédé retrouve le calme : il n'est plus anxieux. Son
état d'anxiété n'est pas continu. Enfin, généralement
l'obsédé n'est pas un délirant ; il a conscience de l'absurdité de ses idées, au moins dans l'intervalle des crises. Son impulsion au suicide est elle-même bien diffé-
rente. Exceptionnellement le psychasthénique met à
exécution son idée : il a surtout peur d'être poussé à
un acte que lui-même ne désire pas.

Néanmoins, comme l'ont fait remarquer Pitres et
Régis, il n'y a entre la psycho-névrose anxieuse et la
psychose anxieuse qu'une différence du plus au moins.
Voilà pourquoi il est tels cas qu'il est difficile de placer
dans l'obsession ou dans la mélancolie, d'autant que
l'une peut verser dans l'autre et réciproquement.

Le psychasthénique scrupuleux peut également être
pris pour un mélancolique simple. La confusion est
fréquente, ce qui tient à ce fait, que les idées obsédantes sont par leur contenu des idées mélancoliques. On

remarque dans la mélancolie simple, comme dans la psychasthénie, des idées d'auto-accusation : le malade manifeste des scrupules religieux, s'accuse d'avoir manqué à ses devoirs, commis des fautes. Eût-il été antérieurement très zélé, il n'a fait que se montrer sacrilège, bien inconsciemment, car il ne se rendait pas compte de son indignité. Le mélancolique est tourmenté aussi des idées de damnation, de châtiment mérité. Il se croit sous le coup de la malédiction divine ; il a la crainte de l'enfer. Il a des remords, regrette son passé et redoute l'avenir. Ce dernier sentiment, conséquence des autres, entre pour la plus grande part dans son anxiété.

Sans doute les idées obsédantes, tout en étant des idées mélancoliques, gardent leurs caractères habituels. Mais il est des cas très difficiles où il n'est plus possible de distinguer le vrai scrupuleux obsédé du grand mélancolique. Tel obsédé par exemple peut, au cours de ses crises d'agitation forcée, présenter un accès mélancolique s'accompagnant d'un délire dans lequel figurent les idées obsédantes antérieures, mais maintenant à titre d'idées délirantes vraiment mélancoliques. C'est, comme le dit Séglas, le cas de ces malades qui ont toujours été atteints de folie du doute notamment, de scrupules religieux, de craintes de damnation qui les font retourner à confesse, douter de la valeur de leurs confessions, malgré tous les raisonnements qu'ils peuvent se faire à ce sujet. Nous avons pu contrôler nous-même la vérité de cette particularité, par l'observation de notre malade, l'abbé C... Au moment de sa seconde crise d'agitation forcée il fut considéré, par les médecins qui l'examinèrent, comme un vrai mélancolique, présentant la forme anxieuse. Cette crise dura huit mois. Il est encore aujourd'hui un scrupuleux, comme il le fut toujours depuis son enfance, depuis l'époque de sa première communion. Plein de gaieté et d'entrain, il manifeste par moments ses idées obsédantes, ses préoccupations religieuses, par de petits gestes brusques de défense, des exclamations et des invocations.

Certains scrupuleux obsédés, et particulièrement ceux qui ont des idées de contraste, attribuent leurs obsessions à une influence diabolique. — Il n'y a rien là qui doive étonner. Ces psychasthéniques formulent ainsi des interprétations qui sont assez rationnelles et ne manquent point de logique. Élevés dans des milieux religieux, où il est enseigné que l'esprit du démon plane au-dessus de nos têtes, pour diriger nos actions sur la voie du mal, les psychasthéniques scrupuleux sont conduits naturellement à cette explication de leurs impulsions au blasphème.

Enfin, nous devons attirer l'attention sur les analogies des idées religieuses des psychasthéniques et celles de certains persécutés. Dans la psychose systématisée progressive, il y a une forme délirante mystique. Le sujet attribue les sensations anormales qu'il éprouve à une influence malfaisante. C'est le diable qui devient le persécuteur. Et le malade n'est plus qu'un possédé démoniaque : le démon le persécute en lui inspirant de mauvaises pensées, en le poussant à renier Dieu, à commettre des péchés, principalement contre les mœurs. Les persécutés religieux, comme on l'a dit, sont tous ou presque tous, des saint Antoine en état de tentation, ce sont tous ou presque tous des persécutés génitaux. Ils ont des hallucinations psycho-motrices, des hallucinations de la vue, de l'odorat, du goût, de la sensibilité générale et même de la sensibilité motrice. Mais ces persécutés ne sont pas des résignés : ils ont des moyens de défense. Pour se délivrer de leur ennemi, ils font des prières, ils portent sur les différentes parties du corps habitées ou souillées par les démons, des emblèmes et objets religieux. Ils ont des défenseurs: ils sont soutenus par Dieu, la Vierge ou tel saint. Il y a donc une lutte entre deux forces opposées. Par ce dédoublement du délire en deux fractions contradictoires, le malade en arrive au dédoublement de sa personnalité.

Chez ces scrupuleux obsédés qui attribuent ainsi leurs obsessions à une influence diabolique, il ne faut voir là qu'une interprétation à laquelle ils n'attachent pas d'ailleurs une croyance absolue. Ils ne manifestent pas, vis-à-vis de cette idée d'intervention du démon, l'intime conviction du persécuté religieux, qui fait la caractéristique de son idée délirante. Le scrupuleux donne d'un fait une explication qui, si l'observateur l'analyse bien, paraît assez rationnelle dans sa bouche, et ne manque pas de logique. Veut-il prier ? C'est un blasphème qui lui vient sur les lèvres. Pourquoi donc n'attribuerait-il pas cette impulsion mauvaise, offensante pour le Dieu qu'il adore, à l'éternel ennemi des hommes ? Ce scrupuleux, par son éducation religieuse, a reçu les enseignements de l'Église qui apprend aux fidèles de toujours se mettre en garde contre l'esprit du mal, contre ce mauvais ange qui rôde constamment autour de nous et s'obstine à nous diriger dans la voie du péché. Il est donc difficile qu'il donne une autre explication : sa mentalité de psychasthénique vivant d'irréel, s'adaptant mal aux réalités pratiques de l'existence, ne peut concevoir autrement la raison de ces phénomènes. Comme le persécuté, il manifeste des troubles, qui démontrent une certaine excitation génitale. Des pensées lubriques hantent son esprit. Peut-être présente-t-il aussi quelques hallucinations visuelles et psycho-motrices. Enfin il lutte contre celui qu'il suppose être son adversaire : il fait des invocations à Dieu, il s'agite, se promène, il menace le démon, en brandissant des chapelets, des crucifix. On ne peut voir là, chez le scrupuleux, la résultante d'une véritable idée délirante de possession démoniaque. La dissociation de sa personnalité est un phénomène dont il a réellement conscience. Il se rend compte qu'il y a en lui deux personnalités distinctes, mais il sait les rapporter à son propre moi, ce que ne peut faire le délirant systématisé persécuté. L'une est la sienne propre, active et volontaire, l'autre est une personnalité passive et automatique, qui ne devient active que par l'intermédiaire d'une influence malfaisante, que par le pouvoir d'un être puissant qui, peut être (il n'en est pas sûr) est le démon.

On doit dire enfin que les symptômes d'angoisse, les crises d'agitation forcée, les paroxysmes, si fréquemment observés chez les scrupuleux, n'existent pas chez les délirants chroniques persécutés.

Néanmoins les obsessions avec images motrices, quoique se distinguant par certains caractères fondamentaux, des délires systématisés, peuvent être des états pathologiques intermédiaires entre ceux-ci et les phobies. Et souvent l'observation des faits nous a démontré que les obsessions idéatives ne sont point incompatibles avec la paranoia, à laquelle elles peuvent même aboutir complètement.

# TROISIÈME PARTIE

## ÉTUDES CLINIQUES

## OBSERVATIONS

---

**Observation I.** — SÉGLAS. *Leçons cliniques sur les maladies mentales et nerveuses.*

Une jeune fille, d'une famille névropathique, commença vers l'âge de douze ans à avoir des scrupules religieux qui par la suite firent place à une véritable folie de doute portant sur l'accomplissement des devoirs religieux, des conséquences que cela pourrait avoir, etc., etc. A l'âge de vingt-trois ans, obsédée plus que jamais par ses ruminations maladives, la malade fit le vœu de se faire religieuse. Dès lors, elle alla mieux et fut pendant deux ans à peu près débarrassée de ses obsessions. A cette époque, sa sœur tombe assez gravement malade ; voilà notre obsédée poursuivie par cette idée que cette maladie résulte de ce qu'elle n'a pas encore accompli son vœu. Elle le renouvelle formellement et se trouve calmée. Sa sœur guérit. La malade songe alors sérieusement à se faire carmélite. Mais chaque fois qu'il s'agissait de mettre à exécution ce projet, elle était prise malgré elle d'idées absolument contradictoi-

res, rêvant du monde, de fêtes, d'aventures roman·.·ques, etc.
Cet état s'accompaguait d'une angoisse extrème. « Et, dit-elle,
plus je voulais me faire religieuse, plus il me .venait de ces
idées contraires. » En même temps elle avait des impulsions
également angoissantes. A l'église, elle se sentait poussée à
blasphémer, à faire des gestes inconvenants, des grimaces
devant l'autel. Elle « n'est même pas bien certaine », malgré
tous ses efforts, de ne pas s'être laissée aller à ces impulsions.
Si elle allait se confesser, au lieu de s'humilier, elle avait, dit-
elle, des envies de raconter toutes sortes de choses pour se
rendre intéressante et qu'on pense très bien d'elle. Elle avait
également par instants du délire du toucher, de l'arithmoma-
nie. Enfin elle présentait des symptômes très accentués de
neurasthénie.

### Observation II

JANET. — *Obsession sacrilège. Hallucinations érotiques.*
*Perte de la foi.*

Cette malade, âgée de vingt-cinq ans, est une des plus remarquables que nous ayons eu l'occasion d'examiner, nous ne pouvons que résumer son étude. Le grand trouble, ou plutôt le
trouble qui est aujourd'hui devenu le principal, est une obses·
sion érotique et sacrilège qui semble se présenter sous forme
d'hallucination. Par crises fréquentes, plus de cent fois par
jour, prétend-elle, la malade voit subitement apparattre à sa
gauche un homme tout nu ou plutôt les parties sexuelles d'un
homme en train d'accomplir un acte absurde, celui de souiller une hostie consacrée. L'hallucination présente quelques
variantes : il y a quelquefois plusieurs membres virils autour
de l'hostie, ou bien c'est une femme qui met l'hostie sur ses

parties génitales, tantôt c'est un chien qui fait ses ordures sur l'hostie, tantôt l'hostie est simplement mêlée à de la boue, à des excréments, enfin, quelquefois c'est un prêtre qui vient appliquer l'hostie sur les parties génitales de la malade ou sur son anus. Le caractère vraiment hallucinatoire de cette image est très contestable; tout cela est vague, sans réalité objective : « C'est au loin, dit le malade, comme s'il y avait en moi une autre personne qui verrait bien ces choses, tandis que moi, je ne les vois pas bien... »

Pas d'antécédents héréditaires; cependant un oncle excentrique et bizarre, probablement alcoolique; le père goutteux, aboulique et timide. C'est encore un cas d'évolution familiale du caractère timide et scrupuleux. Enfant bien portante, très douce, très aimable, craignant toujours de mal faire, mais sans aucun trouble apparent jusqu'à la puberté, règles à quatorze ans, et peu après les tourments ordinaires des psychasthéniques pour les confessions, les examens de conscience interminables, les inquiétudes horribles pour avoir omis un péché, etc. Ce qui se développe au début, c'est évidemment un état neurasthénique avec les fatigues, les troubles digestifs, qui amènent chez elle des vomissements, la constipation opiniâtre, les troubles de circu' tion qui lui donnent les mains et les pieds froids et gluants, le nez rouge ainsi que les oreilles. Notons qu'elle est sujette à des œdèmes des paupières et des lèvres que l'on constate fréquemment chez des arthritiques. Remarquons aussi cette dilatation énorme des pupilles qui accompagne les grands troubles et qui disparaît avec eux.

L'attention principale dans la période du début et qui n'a cessé de grandir c'est une aboulie vraiment extraordinaire : tous les actes sont devenus, même en dehors des obsessions, d'une lenteur invraisemblable. Elle remet toujours l'action d'heure en heure, de jour en jour, elle ne fait rien qu'au dernier moment, même dans les plus petites choses ; si elle veut vous dire quelque chose, elle n'arrivera jamais à le dire, si elle y arrive, qu'à la fin de la visite, quand elle voit que décidément on va la quitter. Il faut qu'on lui laisse des heures pour se préparer à parler, à manger, à aller aux cabinets. Ses actions si lentes sont arrêtées par le plus petit obstacle : tantôt elle ne fera rien parce qu'il y a du soleil, tantôt parce qu'il n'y en a pas, tout devient un prétexte à remettre l'action commencée... L'inquiétude est devenue énorme, une appréhension continuelle sans trop savoir de quoi la tourmentait, nuit et jour : « C'était l'espoir et la confiance qui me manquaient. » Cette inquiétude s'est portée sur tout : les actes, le corps, le lieu même où elle se trouvait, rien ne lui paraissait stable, tranquille, définitif ; elle ne se croyait jamais bien portante dans aucun organe, et elle ne se croyait jamais bien nulle part, elle voulait toujours changer sans trouver de quiétude en aucun endroit.

Ces troubles ont semblé bientôt se localiser sur un point particulier, c'est surtout la confiance et la foi religieuse dont elle a le plus senti la diminution ; peut-être, comme nous l'avons souvent remarqué, parce que ces sentiments plus délicats que les autres sont en réalité les plus difficiles et sont altérés les premiers. Son grand tourment à été pendant des années cette diminution de la foi. Elle allait tourmenter incessamment ses parents et son confesseur, en disant qu'elle perdait la foi religieuse, et en demandant qu'on lui rendît la croyance. Le prêtre s'étonnait à juste titre de sa façon de perdre la foi, il lui demandait si elle n'avait rien lu contre la religion, s'il y avait quelque chose qu'elle ne comprenait pas, un argument qu'il fallût rétorquer. La pauvre enfant n'avait pas l'ombre d'une discussion à faire, elle ne perdait pas la foi à la manière d'un philosophe qui raisonne, elle la perdait par une atonie de ses facultés psychologiques supérieures, par une diminution de la tension qui n'avait rien à voir avec l'argumentation philosophique. Au début, de temps en temps, sous des influences en apparence minimes, par un beau soleil, après un repas agréable, après une cérémonie touchante, tout remontait de niveau, et la foi revenait sans preuves nouvelles, bien entendu. Puis les éclipses furent plus profondes et de plus longue durée, bientôt la foi ne revint jamais complètement malgré de fréquentes oscillations, et voici dix ans que le sentiment d'incomplétude est resté perpétuel.

### Observation III

JANET. — *Manie des serments. Refus de manger,*
*manie de réparation, diminution de la foi.*

Les parents de cette jeune fille Zoi..., âgée de seize ans, se décident à l'amener à l'hôpital parce que ses sottises se compliquent cette fois d'un symptôme plus dangereux. Voici trois semaines à peu près qu'elle refuse complètement de manger. Naturellement on a parlé comme toujours d'anorexie hystérique et de crainte d'engraisser : en réalité il n'en est rien, et il s'agit d'une tout autre maladie. Cette petite jeune fille a toujours été une aboulique et une inquiète. Depuis sa puberté elle a déjà traversé une série d'accidents, elle a eu des tics et des phobies des animaux.

Ce qui la préoccupe actuellement, depuis déjà un certain temps, c'est l'insuffisance de ses sentiments religieux et de ses prières. Nous avons déjà vu souvent ce symptôme qui est une forme du sentiment d'incomplétude assez fréquente chez les jeunes filles de cet âge ; d'ordinaire il amène à sa suite des manies de répétition et des manies de perfection.

Elle a bien eu quelque chose de ce genre, car elle restait des heures à genoux en répétant la même prière et elle forçait sa mère à se tenir agenouillée près d'elle, espérant par l'association arriver à un résultat plus satisfaisant. Mais depuis quelque temps elle ne reste plus aussi longtemps agenouillée et ses remords sur les prières ont amené une autre conséquence. Elle a constaté son impuissance à les faire mieux et elle se borne à chercher à les réparer, « il faut, dit-elle, compenser un acte par un autre » et elle s'impose à elle-même des punitions.

Par exemple, elle aimait beaucoup lire des romans, elle s'est condamnée à ne plus lire, tant qu'elle n'aurait pas bien fait ses prières. Puis la punition étant encore insuffisante, elle s'est condamnée à ne pas manger avant d'avoir accompli une prière parfaite. Nous craignons qu'elle n'attende ainsi trop longtemps.

Il s'agit, vous le voyez, d'une sorte de manie mentale qui se rattache évidemment aux autres, mais qui est un peu spéciale ; ce sont des manies de réparation et de compensation. Le point de départ est toujours le sentiment de l'insuffisance du premier acte, mais la dérivation mentale est un peu plus compliquée. Elle ne se fait plus sur la pensée du même acte indéfiniment répété ou perfectionné, mais sur la pensée d'une autre action ; c'est ici l'idée de punition ou de récompense dont le sujet essaie de se servir pour relever sa tension mentale. Il s'agit chez cette jeune fille, d'une véritable manie qui ne porte pas seulement sur la prière, mais sur la plupart des actions troublées, toutes par l'insuffisance de la tension psychologique ; si elle n'a pas travaillé assez vite, elle se condamne à ne pas sortir avec sa sœur ou bien à ne pas parler. Le résultat est qu'elle trouble elle-même une seconde série d'actions en plus des premières.

Cette jeune fille n'est restée que trois mois à l'hôpital, et le résultat de son séjour a été heureux. Nous n'avons pas eu beaucoup d'efforts à faire pour l'alimenter, il a suffi de lui montrer la sonde et de lui faire comprendre qu'elle serait nourrie de force. Elle en a conclu avec logique qu'elle n'était plus responsable de son alimentation puisqu'on la lui imposait, et elle a mangé tranquillement. La discipline qui a limité ses prières, qui a supprimé les réparations, lui a été favorable et il a suffi de quelques exercices réguliers d'attention pour qu'elle se sentît à peu près rassurée. Elle sort guérie de ce premier accès.

## Observation IV

Janet. — *Manie de réparation. Manie du symbole, tics.*

Deux mots seulement sur ce malade, Rd..., qui est identique à la jeune fille précédente, il répare aussi constamment ses prières, son travail, son attention suffisante. Mais il répare autrement; il se borne à frapper un petit coup en passant sur les meubles qui sont près de lui. Cela vous paraît insignifiant et ce n'est pas aussi dangereux que le refus d'aliments ; c'est que ce petit acte a pour lui une forme symbolique, il symbolise une expiation. Le fait est ici simple, il faut le retenir, car nous le retrouverons infiniment plus compliqué chez de grands malades. Notez que ce petit mouvement a tout à fait l'apparence d'un tic, cela vous montre une fois de plus comment les tics se rattachent à toute la maladie du scrupule de nos psychasthén'ques.

## Observation V

JANET. — *Manie d'expiation. Rumination mentale.*

Voici un cas beaucoup plus complet de la manie d'expia
tion dans lequel les ruminations mentales prennent un grand
développement, il se rapproche évidemment des obsessions
religieuses, mais les idées fixes sont loin d'être complètes et
il nous semble préférable de rapprocher ce cas des manies
précédentes.

Cette jeune fille de vingt et un ans, Lad..., est très difficile
à examiner et à interroger, même quand on la prend à part:
elle serait bien incapable d'expliquer quelque chose devant
vous. En effet, elle ne peut parler de sa maladie sans éclater
de rire et sans se moquer constamment d'elle-même ; elle est
hésitante et embrouillée, elle se répète, se contredit, puis pré-
tend que ses tourments sont des choses microscopiques et
que cela n'est pas la peine d'en parler ; ce qui ne l'empêchera pas, le lendemain, de recommencer toutes ses absur-
dités. Cette attitude et ce langage sont déjà caractéristiques.
Elle peut arriver à aucune expression nette et définitive de
son état parce qu'en réalité, comme nous le verrons, elle
n'arrive jamais à un état psychologique complet et terminé.

Pour ceux qui l'ont observée pendant quelque temps, sa maladie semble consister en une sorte de rêverie perpétuelle et
douloureuse qui se substitue à toutes les actions et qui semble
la rendre de plus en plus incapable de prendre part à la vie
réelle. Pour analyser cette rêverie, nous la diviserons en deux
phénomènes essentiels que nous sommes habitués à retrouver chez tous ces malades: le mécontentement ou la critique de l'acte et le travail d'expiation.

Cette jeune fille éprouve au suprême degré un sentiment
de honte, de remords, à propos de tout ce qu'elle fait, de tout

ce qu'elle pense. Si on admet son interprétation, ce sentiment serait justifié par une manie presque sacrilège qu'elle aurait de mettre la religion à tout ce qu'elle fait. Elle ne peut pas manger du pain sans penser que l'hostie est faite avec du pain et que par conséquent il faudrait être en état de grâce pour le manger. Elle ne peut passer devant une boulangerie sans avoir l'idée qu'elle passe devant une hostie, sans saluer ; il en est de même si elle traverse un trottoir où elle a vu un crachat, passer outre c'est « comme si elle envoyait Dieu promener ». Elle ne peut s'habiller ou se déshabiller à cause de la présence perpétuelle de Dieu et parce qu'elle trouve quelque impudeur à se dévêtir devant lui, elle ne peut donner à boire à son petit chien car elle craint de souiller ainsi le vin de la messe, etc. Quand il ne s'agit pas de la religion, il s'agit de la morale ; elle ne peut jouer du piano parce qu'elle y prendrait du plaisir et qu'on ne doit pas s'abandonner à l'égoïsme.

Elle ne peut aimer une amie parce que ce serait enlever à ses parents l'affection qui leur est due. En un mot elle a toujours de très bonnes raisons à donner du mécontentement qu'elle éprouve de son acte.

Nous croyons que ces raisons ne sont pas le véritable point de départ du sentiment de mécontentement, elles sont déjà l'effet d'une rumination et une manie de dépréciation qui est déjà survenue après un trouble plus fondamental. La vérité c'est que cette jeune fille est depuis longtemps paresseuse, inattentive, et qu'elle est devenue de plus en plus lente. Le fait le plus caractéristique de l'abaissement du niveau mental est, chez elle, la disparition du plaisir de l'acte ; c'est un point sur lequel elle revient perpétuellement, car elle se plaint de ne pouvoir prendre plaisir à rien. Elle s'amusait autrefois à son piano, aujourd'hui elle ne peut plus se laisser aller à ce plaisir ; des rêveries religieuses, des idées de culpabilité sur-

viennent au moment où le plaisir va se développer ; elle ne
peut se réjouir avec ses amies, en un mot elle ne peut arriver
à aucun sentiment complet. C'est là ce qu'elle a le plus vive-
ment remarqué, c'est cette absence de plaisir qui détermine
le plus de mécontentement. Il en résulte qu'elle ne se sent
jamais bien libre : « Même quand l'idée ne vient pas, il y a
quelque chose qui me gêne ; je ne me sens jamais libre, et
c'est là ce qui me fait croire que j'ai toujours Dieu devant
moi. Il y a comme un point noir dans mon esprit, quelque
chose de lourd qui m'empêche de me sentir libre. C'est pourquoi je ne peux pas renvoyer ces idées de religion qui s'appliquent sur tout. » On a observé que les distractions, les
excitations vives lui font le plus grand bien ; si elle était vraiment obsédée par des idées religieuses, ces idées devraient
au contraire surgir plus fortement dans un bal. Elle est distraite, dira-t-on ? Non, car il lui arrive au milieu du bal de
penser à ses idées religieuses, de se les répéter et elle est
toute surprise de voir que ces mêmes idées n'ont pas leur
effet habituel, et n'amènent aucunement la gêne, l'absence de
liberté. C'est que l'excitation a relevé l'activité au-dessus de
ce sentiment d'automatisme, et les idées ne correspondant
plus au sentiment paraissent insignifiantes.

La malade ne s'en tient pas à ces sentiments d'incomplétude même accompagnés de la manie du symbole religieux.
Elle éprouve un tel sentiment d'agacement qu'il lui faut
essayer de sortir de cette situation pénible et la voici qui invente la nécessité d'une expiation pour réparer cet acte pré-
cédent. « Je ne puis pourtant pas continuer d'offenser Dieu,
je ne puis pas passer tout de suite à autre chose..., il faut
qu'il y ait entre l'idée mauvaise et les autres actes une petite
chose pour satisfaire Dieu. » Au fond il y a encore là un
phénomène d'aboulie, la difficulté à passer directement d'un·

acte à un autre, le besoin de multiplier les intermédiaires. Elle invente donc une expiation, mais ici encore elle se contente d'une expiation symbolique, d'un petit mouvement de tête ou des bras, d'un petit acte absurde. Par exemple, elle devra, après avoir mangé sa soupe, tourner trois fois sa cuiller dans son assiette vide. « Si les convives la trouvent bête, tant mieux, ce sera un acte d'humilité. » Si elle a essayé de s'amuser dans la matinée avec une amie, il faudra s'efforcer de s'ennuyer l'après-midi avec ses parents.

Malheureusement les choses sont loin de se présenter avec cette netteté que nous sommes forcés d'ajouter en expliquant la maladie. Presque toujours la résolution de se soumettre à une expiation est aussi vague que le trouble initial lui-même. Lod... qui n'était pas du tout convaincue d'avoir donné à boire à son petit chien le vin de l'eucharistie, trouve idiot de se soumettre à une punition pour cela ; dans son esprit elle esquisse un sentiment de protestation. Ce sentiment, qui, lui aussi, n'est pas net, laisse encore l'impression de mécontentement, paraît gêné, et voici encore la manie du symbole religieux qui recommence. « C'est comme si elle s'était moquée de Dieu. » A la suite, nouveau besoin d'expiation : puis le cycle recommence indéfiniment. Cette hésitation l'agace de plus en plus et prend toujours le caractère d'irréligion. « Voici que je joue à la balle avec l'idée de Dieu, il faut au moins recommencer cette discussion sans y mêler l'idée de Dieu », et elle recommence en effet, mais de la même manière bien entendu, et il n'y a pas de raison pour qu'elle termine jamais cette rumination. Il faut qu'on l'en tire de force, alors elle est furieuse, parce qu'on la force de se lever, sans avoir conclu. « Faut-il donc que je laisse mes idées en litige ? » Ces ruminations se produisent perpétuellement à tout propos. On lui donne un joli chapeau qui lui plaît ; elle ne s'abandonne pas au plaisir « parce qu'il faut d'abord remercier Dieu et compenser la coquetterie par un acte d'humilité. Mais est-il raisonnable de remercier Dieu pour un chapeau, c'est le rabaisser, il faut expier pour avoir mêlé Dieu aux choses matérielles ; le médecin a dit que cela était tout à fait égal au bon Dieu, mais le médecin n'est pas prêtre, et, même s'il était le pape, il ne pourrait pas la dispenser de cette expiation parce qu'elle lui a mal expliqué la chose. C'est là qu'est son crime ; elle a mal expliqué au médecin, par égoïsme, pour se faire dispenser par lui d'expiations légitimes, etc...»

On comprend facilement la conséquence de semblables ruminations. C'est que toute la vie est remplie par ce travail aussi pénible que futile de la pensée et que l'activité pratique, celle qui fait et qui apprend se réduit de plus en plus. La malade s'en aperçoit et souffre de cette réduction de son activité autant que de ses tourments.

Il est évident que cette maladie est due à une disposition particulière de l'esprit dans cette famille. Il n'y a pas chez les parents de maladie mentale particulière, mais il y a une disposition au développement de l'intelligence au détriment des facultés actives. Le père est un délicat, un impressionnable, la mère est plus nerveuse, plus faible encore de volonté, elle devient malade pour un changement d'appartement et présente très peu de faculté d'adaptation. Ce qui montre mieux encore cette prédisposition de la race, c'est que la malade a un frère qui présente exactement les mêmes troubles à un degré plus grave, puisque chez lui se sont développées de véritables obsessions religieuses.

Cette malade a été extrêmement améliorée par l'influence qu'a prise sur elle une de ses amies, c'est ce qui arrive fréquemment chez les psychasthéniques ayant au moins besoin d'une direction.

# QUATRIÈME PARTIE

## LE TRAITEMENT DES CRISES PAROXYSTIQUES DE LA PSYCHASTHÉNIE

---

### CHAPITRE PREMIER

### La thérapeutique médicamenteuse. L'internement. L'isolement.

Prétendre guérir les crises des psychasthéniques au moyen de médications sédatives et toniques, cela va contre les principes mêmes de la thérapeutique. Nous n'usons aujourd'hui des produits pharmaceutiques, dans le traitement des psychasthéniques et de tous les nerveux fonctionnels, que pour atténuer un phénomène surajouté, ne dépendant pas directement des causes psychiques, que pour pallier un symptôme, dont la disparition doit aider à l'efficacité de la vraie méthode rationnelle et pathogénique qu'est la pyschothérapie. Certes, lorsqu'un psychasthénique présente une grande excitation nerveuse, il est légitime de la calmer, soit par une médication bromurée, soit mieux par des douches, des bains, des affusions. S'il est trop déprimé, on

peut l'aider à se remonter par quelques stimulants
nervins (glycéro-phosphates, sérum artificiel). Une
remarque cependant est à faire à ce sujet. Plusieurs des
psychasthéniques que nous avons observés, prenaient,
sans aucune confiance, les médicaments ordonnés. Persuadés qu'ils n'étaient pas de vrais malades, ils pré-
tendaient que des substances chimiques ne pouvaient en
aucune façon dissiper leurs préoccupations obsédantes.
Et en cela, ils avaient bien raison. Il fallait que nous
leur indiquions que tel n'était pas notre but, que nous
voulions seulement remonter leur état physique déprimé, et qu'enfin ce résultat obtenu devait les conduire
à une meilleure résistance de leur volonté pour s'opposer
à l'invasion de leurs obsessions continuelles.

Donc, pour résumer, en général, pas de médicaments
aux psychasthéniques, sauf comme purs palliatifs, et
dans les circonstances que nous avons indiquées.

Quels sont donc les moyens de traitement rationnel ?
« A maladie psychique, il faut traitement psychique »,
a-t-on dit. Nous aurons donc à discuter la valeur de la
psychothérapie, de cette méthode si cour. ment employée pour le « redressement » moral des neurasthéniques : nous aurons aussi à envisager les moyens adjuvants de la psychothérapie, c'est-à-dire l'internement
et l'isolement. Commençons par solutionner ces deux
dernières questions.

Doit-on interner les obsédés ? C'est une question qui
nécessairement se pose lorsque ces malades ne peuvent plus vivre de la vie commune ou de la vie courante. Si nous prenons l'avis des divers auteurs, nous
trouvons une grande majorité qui déclare le séjour
dans les asiles désastreux pour les obsédés.

« Nous en connaissons quelques-uns, disent Pitres et Régis, qui, en désespoir de cause, ont accepté ou demandé eux-mêmes leur internement. Ils n'en ont retiré aucun bénéfice et même n'ont pu le supporter, car avec la phobie de la folie que les obsédés ont presque tous plus ou moins en germe, leur angoisse s'augmentait à la vue des aliénés. » « Une exception, ajoutent-ils, doit cependant être faite pour certaines obsessions impulsives dans lesquelles les malades ont tellement peur d'eux-mêmes qu'ils se sentent soulagés et rassurés par la claustration et même par la conte..ion. C'est là pour eux un moyen de défense. »

La maison de santé est peut-être préférable à l'asile, pour l'obsédé. Les grands malades délirants y sont moins nombreux ; il y a moins d'agités. On y peut trouver le repos et le calme que l'on ne saurait demander et exiger de l'asile. Mais ces établissements, construits dans les meilleures conditions d'hygiène et de confortable, ne sont à la portée que des bourses fortunées. Nous ne pourrons envoyer que les obsédés « riches » dans ces maisons d'hydrothérapie. Pour les obsédés « pauvres », la situation est navrante. Il faut les envoyer à l'asile, où on ne les admet pas toujours. Leur état mental nécessite des précautions particulières, difficiles à réaliser dans les asiles de province où l'on ne soigne guère les obsédés ; il faut avoir soin de les séparer des autres malades, car à leur contact ils prendraient bien facilement d'autres phobies.

La méthode d'isolement est plus en faveur auprès des médecins. On s'accorde généralement à dire que c'est souvent un moyen thérapeutique des plus favorables pour le traitement des obsessions. Que doit-on entendre par isolement des psychasthéniques ? Certes ce n'est pas l'enclaustrement, qui consiste à enfermer un malade dans une chambre où ne pénétreront que le médecin, la garde-malade ou l'infirmier. Le psychasthénique, en état de crise, doit être isolé, séparé de son milieu. Pourquoi ? Aura-t-il moins de phénomènes d'angoisse ou d'anxiété loin des siens ? Ne trouvera-t-il pas, dans un milieu étranger, autant de sujets à obsessions nouvelles, autant d'occasions de nouvelles ruminations, qu'au contact des membres de sa famille ? Non, ce n'est point là le principe qui doit nous guider, pour séparer notre obsédé du milieu familial. Il nous faut envisager un autre point de vue.

Que sont les parents du psychasthénique ? Bien souvent des originaux, des excentriques, des incomplets, des désharmoniques : partant mauvais juges, mauvais conseillers pour les tares mentales de leurs descendants. Il nous a été donné d'être le témoin de scènes de ce genre : tel psychasthénique en période de crises, vivant au milieu des siens, et prenant ses repas à la table commune, manifestait devant son père et sa mère, ses frères et sœurs, son agitation motrice par des invocations subites et des gesticulations violentes. Aussitôt, chacun des membres de la famille, de le réprimander, de lui reprocher ses gestes inutiles, en essayant de le raisonner et de lui faire un véritable cours d'éducation de la volonté. C'étaient autant d'essais psychothérapiques disparates et incoordonnés qui généralement avaient un effet désastreux sur le moral de notre obsédé; de tous ces sermons, où chacun apportait sa note d'âpreté, où perçait le manque d'indulgence et de bienveillance, il ne résultait qu'un surcroît d'agitation et d'anxiété.

Il faut donc enlever le malade à sa famille. C'est le plus sûr moyen de le mettre à l'abri de mauvais principes psychothérapiques. Point n'est besoin qu'il aille dans un établissement d'hydrothérapie ou de nerveux. Point n'est besoin qu'il se mette à voyager et essaie de distraire son esprit par le spectacle de paysages variés. Qu'on le confie à un homme sérieux, intelligent et dévoué, en qui le malade puisse avoir toute confiance ! Qu'il soit à la ville ou à la campagne, que ce compagnon ne le quitte pas, et que le malade sente en lui un ami et un chef à la fois, dont l'autorité empreinte d'une ferme douceur saura diriger ses actes dans une voie heureuse !

Voilà donc notre obsédé, séparé des siens, non soumis à l'isolement claustral mais confié à la surveillance d'un homme qui voyage et se promène avec lui, et le rassure sur ses inquiétudes invraisemblables et mal fondées. Comment ce psychothérapeute va-t-il s'y prendre pour redresser le niveau mental du psychasthénique ?

# CHAPITRE II

**Les méthodes psychothérapiques. Les insuccès de l'hypnotisme et de la psychothérapie par persuasion. L'absolutisme autoritaire comme principe de direction des psychasthéniques.**

Il faut bien préciser, lorsqu'on parle de psychothérapie; cette science thérapeutique dite nouvelle comprend diverses méthodes : d'une part, les méthodes de suggestion directe, d'autre part, les méthodes de persuasion. Peut-on et doit-on hypnotiser les obsédés ? Pour la réponse à cette première question, écoutons l'opinion de Pitres et Régis : « Depuis de longues années nous avons fait, à cet égard, de nombreux essais, et nous pouvons dire qu'en dehors des cas d'obsession se rattachant, à un degré quelconque, à un état hystérique, nous n'avons jamais réussi à suggestionner les obsédés, même en ayant recours à des procédés adjuvants, tels que la chloroformisation. En revanche, nous avons obtenu, comme tout le monde sans doute, de beaux succès, dans les obsessions liées à l'hystérie. La chose n'est cependant pas toujours très simple, même dans ces cas, car il n'est pas rare de voir les obsessions, au fur et à mesure qu'on les supprime, réapparaître sous

une autre forme ou être remplacées par d'autres symptômes, ce qui recule parfois très longtemps la difficulté. » Cette opinion est aussi celle de Pierre Janet.
Pour lui, les obsédés non hystériques ne sont ni hypno-
tisables, ni suggestibles.

L'hypnotisme aurait-il une efficacité réelle pour faire
revenir le calme dans l'esprit de nos psychasthéniques,
serait-ce là une raison suffisante pour employer ce procédé thérapeutique ? La question, on le voit, devient
d'ordre moral. Elle ne se place plus sur le terrain des
faits cliniques. C'est un appel à la conscience même du
médecin. Dans son dernier livre sur les psychonévroses, le professeur Déjerine a solutionné admirablement
le problème, dans des termes que nous ne pouvons
mieux faire que de reproduire. « Ce n'est pas un mince
problème, dit-il, que de se demander si un médecin a
le droit de supprimer le libre arbitre d'un sujet et d'en
disposer à sa faveur, fût-ce dans un but thérapeutique.
Mais là encore n'est pas, selon nous, le problème capi-
tal. Celui-ci réside surtout dans l'éducation de l'automatisme, qui, à notre sens, est le résultat sinon cons-
tant, au moins entièrement fréquent, des pratiques
hypnotiques répétées. Il suffit, pour s'en convaincre, de
voir ce que sont devenues les hystériques éduquées
d'autrefois. Ce sont pour la plupart de bien pauvres
sujets incapables de se guider dans l'existence. Depuis
l'époque où elles servaient de terrains d'expérience, il
n'en est qu'un tout petit nombre qui ait pu reprendre
une vie normale. Ce n'est pas impunément qu'on habi-
tue un sujet à accepter des suggestions étrangères. C'est
une atteinte directe et négative qui est ainsi pratiquée,
et si celle-ci peut être modifiée par l'hypnotisme, ce n'est

pas à coup sûr dans le sens de son développement, mais
bien dans le sens de sa diminution et de sa déchéance.
Si l'on a pu pendant un certain nombre d'années ne
pas se rendre compte des dangers de l'hypnotisme, c'est
qu'on n'en voyait pas les résultats lointains. De nos
jours, plus éloignés du début de la méthode, nous pouvons affirmer qu'elle offre de nombreux dangers, qui
compensent et au delà les avantages qu'elle peut présenter. Il est entendu qu'avec la persuasion on ne fera
pas toujours disparaître certains accidents névropathiques avec la même rapidité que par la suggestion hypno-
tique. Mais quel avantage y a-t-il à supprimer un acci-
dent si le terrain reste, si, bien plus, ce terrain est
modifié de telle façon que de nouveaux accidents aient
la plus grande chance de s'y développer?» L'hypnotisme
est ainsi jugé. C'est une méthode non morale parce
qu'elle s'adresse à l'automatisme psychologique, parce
qu'elle part d'un principe entièrement démoralisateur
pour les foules, le déterminisme. Dans nos doctrines
scientifiques, soyons judicieux. Pesons les influences
de nos divulgations sur l'esprit du public, qu'il soit sain
ou malade. En songeant au bon ordre social, n'allons
pas inculquer à la masse que nous avons aujourd'hui
des moyens qui nous permettent de régler la mécanique
humaine comme un outil et de la détraquer à notre
guise. C'est aussi l'idée qui se dégage des enseignements
du professeur Grasset. « Il est impossible, dit-il, de voir
avec Bérillon, dans l'hypnotisme, un agent moralisateur
et réformateur, un agent d'éducation systématique de
la volonté. Une volonté ou un sens moral qui n'auraient
d'autres racines dans l'esprit qu'une ou plusieurs suggestions n'auraient aucune consistance, n'existeraient pas. »

Reste la vraie méthode psychothérapique, la psycho-thérapie par persuasion. Quelle est-elle ? Comment la comprenons-nous en France, et qu'a-t-elle donné pour l'amélioration de nos psychasthéniques ?

C'est une profonde erreur de psychologie humaine que de croire que la conviction de l'individu repose sur le raisonnement, sur la dialectique. La raison n'est pas encore la force dominante qui règle la conduite de l'homme et le dirige dans toutes ses actions. Pour en donner une preuve, il suffirait de rappeler la faillite des doctrines morales qui s'adressaient à la raison seule, sans parler au cœur. Les préceptes des stoïciens, malgré leur élévation, ne furent connus que d'une élite intellec-tuelle ; ils exigeaient de l'homme un effort de volonté réfléchie plutôt qu'un élan de foi et d'amour. Le pro-fesseur Déjerine, dans sa leçon inaugurale à la Salpê-trière, affirmait cette vérité : « Chez l'homme le sentiment est à peu près tout, la raison peu de chose. Voulez-vous de la vérité de cette dernière proposition une preuve objective ? Vous la trouverez facilement dans l'histoire comparée des systèmes philosophiques et des religions. Ceux-là, faisant appel à la raison, n'ont trouvé qu'un nombre fort restreint d'adeptes ; celles-ci ont réuni dans une foi commune des milliers d'êtres ; elles faisaient appel aux sentiments. »

Nous n'avons donc pas adopté en France, pour la saine orthopédie mentale de nos malades, ce système des for-mules froides, de la dialectique serrée qui veut convain-cre avec des syllogismes savamment combinés. Cette méthode est d'esprit protestant. La nôtre est d'esprit catholique : c'est une psychothérapie mixte. Elle n'est ni exclusivement affective, ni exclusivement dialecti-

que. Comme le disait le professeur Gilbert Ballet dans
une de ses leçons magistrales à Sainte-Anne : « L'idée
n'intervient guère comme mobile d'action que par les
états affectifs que provoque son évocation, et d'autre
part, l'idée est nécessaire à l'éveil d'un état affectif. Voilà
pourquoi le psychothérapeute, qui s'efforce d'agir sur
et par le sentiment, fait tout de même forcément, sans
le vouloir, de la dialectique, et pourquoi celui qui croit
ne faire que de la pure dialectique fait tout de même,
et sans le savoir, vibrer le sentiment. » Si donc nous
voulons convaincre nos malades, prenons une voie détournée, sûre et sans obstacles, celle de la sensibilité
morale, dont nous ébranlerons au passage quelques
fibres ; nous atteindrons ainsi plus facilement leur psychisme supérieur.

Une première condition indispensable 'pour la réus-
site de notre méthode psychothérapique est la confiance
du malade en son médecin: elle ne doit pas être forcée,
mais librement acceptée. Sans doute, bien souvent, elle
repose sur l'artificiel, mais il ne faut s'en prendre qu'à
l'entendement humain qui ne croit qu'à ce qui l'impres-
sionne. Les sages conseils du médecin ne seront écou-
tés qu'autant qu'il apportera certains talents, qu'il aura
recours aux artifices que ne négligent ni les avocats, ni
les hommes d'affaires, ni les diplomates, ni les moralistes prédicateurs de bonne foi. Combien de médecins
tiennent leur autorité, de leur âge, de leur situation, de
leur physionomie imposante, de leur geste, de l'intona-
tion de leur voix ! Est-ce à dire que derrière ces petits
moyens, il se cache un fond de charlatanisme ou de cabo-
tinage? Loin de là ! L'esprit médical bien pénétré de la
dignité de son rôle sait par avance que de tels artifices

risquent de faire sombrer toute sa méthode thérapeutique, s'ils ne sont pas soutenus par de sérieuses qualités professionnelles, et un désir profond non pas d'apai-
ser les craintes des nerveux, mais de prévenir tout
retour de leurs vaines préoccupations. Ces moyens de fascination n'iraient-ils pas à l'encontre même des principes
d'une saine orthopédie morale? En conversant avec les
malades, nous arrivons, au bout de peu de temps, à nous
faire une idée du degré de leur suggestibilité. Armés de
tact et de jugement, nous devons restreindre l'emploi
de ces petits artifices extra-médicaux, s'ils doivent agir
seuls sur l'esprit des malades : peut-être les accents d'une
voix autoritaire seront-ils assez persuasifs pour dissiper une manifestation fonctionnelle névropathique, mais
ne comptons pas trop sur le beau geste, sur la voix
grave et bien timbrée, pour mener à bonne fin notre
œuvre de moraliste, pour reconstituer une mentalité
faussée et la détourner des orientations mauvaises. C'est
surtout en tenant haut notre drapeau, que nos paroles
entraîneront les convictions de nos malades. Prenant
à cœur notre profession, nous leur ferons sentir que nous
la considérons un peu comme autre chose qu'un métier.
Nous saurons ainsi « nous faire aimer » et les malades
nous écouteront.

Cette psychothérapie ainsi conçue est la méthode de
choix qui s'applique à la quasi-unanimité des manifestations des psychonévroses. Elle n'a de prise et d'action
curative que sur des sujets dont la mécanique mentale
est virtuellement saine. Or, nous connaissons la débilité psychologique générale du psychasthénique; cette
constitution mentale anormale place la maladie au seuil
des psychoses. Il fallait donc s'attendre inévitablement

à des échecs : la psychothérapie par persuasion fut
proclamée inefficace contre les angoisses des obsédés,
de même qu'on la déclarait incapable de dissiper la dépression des mélancoliques, ou de modifier un délire
systématisé. La persuasion, en effet, ne pouvait réussir
chez les obsédés, puisque ces malades savent, par
avance, qu'ils se trompent, que leurs craintes sont vaines, que l'objet de leur angoisse n'a pas de raison
d'être. Les affirmations du psychothérapeute n'ajou-
taient rien à leur conviction déjà faite. Une malade de
Pierre Janet ne lui avouait-elle pas : « Je sais bien que
vous avez raison, je le sais, mais je ne puis pas être
convaincue. »

Le médecin, prévenu donc de cet échec assuré, n'a-
t-il plus qu'à se croiser les bras, et attendre patiemment
la fin de la crise, tout en soumettant le malade à des
cures de désintoxication, à la médication bromurée, ou à
des pratiques d'hydrothérapie? L'influence bienfaisante
d'un être sur un autre n'existe-t-elle plus, pour le psychasthénique ? Autrement dit, faut-il abandonner toute
action psychothérapique ?

Nous ne le croyons pas. Les psychasthéniques éprouvent le besoin d'une direction morale. Nous n'avons
pas le droit de la leur refuser. Autrefois, ces malades,
sous le coup d'hésitations, d'interrogations indéfinies,
demandaient conseil à leur directeur de conscience,
lui décrivaient leurs angoisses, et réclamaient un moyen
de guérison. Les prêtres des différentes religions, pré-
cédant les médecins, furent les premiers à connaître la
maladie du scrupule. Bossuet, Fénelon, par leurs écrits,
nous ont laissé des preuves de leurs connaissances ap-
profondies de ces états d'âme : ils savaient remettre

dans la bonne voie ces faux pénitents hantés par la peur des sacrilèges et des «péchés mortels». Ils leur interdisaient les confessions générales, les examens de conscience trop répétés, car ils avaient la notion exacte du danger des ruminations mentales de ces grands douleurs. Aujourd'hui, il semble que nos psychasthéniques délaissent les confessionnaux des églises. Beaucoup de prêtres, au courant des idées médicales, ont reconnu les déviations mentales des scrupuleux : ils adressent au médecin ces pénitents, qui ne rentrent plus dans le groupe de leurs pécheurs habituels. C'est donc un caractère de notre temps que cette œuvre de direction morale revienne quelquefois au médecin qui est maintenant souvent chargé de ce rôle de soutien moral, quand le malade ne trouve plus assez de soutien autour de lui.

Il n'est pas indispensable, cependant, que ce rôle incombe au médecin seul, comme étant l'homme unique, capable d'une autorité suffisante pour imposer une règle de conduite au psychasthénique. Nous avons dit qu'il fallait un compagnon à l'obsédé. Qu'on le choisisse parmi les amis mêmes du malade ; qu'on veille à ce qu'il soit un homme en qui notre obsédé aura pleine confiance. Cet ami, lorsqu'il s'agit surtout de scrupuleux, pourra être un prêtre : beaucoup d'ecclésiastiques savent, dans leurs rapports avec ces malades, déployer une grande délicatesse : nous avons pu nous-même observer l'heureuse influence de prêtres, très versés dans les questions de philosophie et de psychologie, qui, sans aucune dialectique savante, avec des règles simples d'éducation de la volonté, parvenaient à vaincre les hésitations de ces grands timorés.

Cette direction morale s'appuie sur le principe de l'absolutisme autoritaire. L'action psychothérapique ici doit être une action d'autorité. Le psychasthénique, qu'il soit enfant, adolescent, ou adulte, n'est plus armé pour raisonner. Veut-on l'analyser, étudier avec lui les états d'âme variés par lesquels il passe ? il entre dans l'angoisse. Les longs examens de conscience le fatiguent. Aussi, pas de discussions philosophiques avec le psychasthénique, pas de dialectique savante, pas d'explications sur le pourquoi et le comment de ses manifestations. Mais des affirmations, des commandements avec beaucoup de netteté, sans l'ombre d'une hésitation. Fût-il absurde, il ne faut jamais revenir sur un commandement imposé. Dans l'ouvrage d'un ecclésiastique qui a pour titre *le Guide des nerveux et des scrupuleux*, nous trouvons ces sages enseignements : « Avec le scrupuleux, en général, il faut savoir trancher ; il faut savoir être net, clair et précis. Après l'avoir écouté avec beaucoup de bonté et questionné suffisamment pour se rendre compte de son état, c'est-à-dire de ce qu'il est capable de faire, si on ne le connaît pas encore, on doit lui dire : Faites ceci, évitez cela ; ou : gardez-vous bien d'agir ainsi ; ou encore, suivant les circonstances : je vous défends absolument de faire ceci ou cela jusqu'à nouvel ordre.

« Il faut bien se garder de lui dire, par exemple : Si ce travail vous fatigue, laissez-le ; si cela vous ennuie, vous inquiète, vous excite, etc., ne le faites pas ; ou encore : vous n'êtes pas obligé de faire telle ou telle chose : essayez et vous verrez vous-même ensuite ce dont vous êtes capable. »

Cette psychothérapie, on le voit, a beaucoup d'affinités avec la suggestion à l'état de veille si couramment employée dans les méthodes d'éducation des jeunes enfants.

Dès les premiers contacts avec l'obsédé, le médecin, doit mettre à l'aise son malade. Nous avons observé le fait signalé par Pierre Janet. « Souvent, dit-il, le malade arrive au médecin, disposé à croire qu'il n'est pas un malade; il sent bien que son état n'est pas naturel, mais il croit que c'est un état extraordinaire, unique au monde, que personne n'a jamais vu, et que les médecins en particulier ignorent complètement. » C'était le cas de notre abbé scrupuleux, qui se présentait timide et honteux, dans le cabinet du médecin, n'osant dévoiler l'objet de ses craintes, tant elles lui paraissaient monstrueuses et invraisemblables. Selon les conseils de Janet, il faut que le médecin puisse montrer rapidement grande assurance et lui donne impression que sa maladie est parfaitement connue, qu'elle est des plus banales. Il doit deviner les symptômes au lieu de s'en étonner et affirmer au malade que sa maladie est curable.

La rééducation de l'obsédé est surtout une rééducation de l'attention. Dans quel sens devons-nous diriger ses efforts ? A ce sujet, l'étude analytique de l'état d'âme du scrupuleux angoissé à l'idée de commettre des sacrilèges est particulièrement instructive. Il y a chez lui une révolte de la volonté contre l'idée parasite et un effort plus ou moins grand de sa part pour la repousser. A-t-il une « mauvaise pensée »? son plus ferme désir est de la chasser. Par un acte de volonté, se dit-il, elle doit disparaître. Malheureusement, ainsi que des auteurs l'ont fait remarquer, « le plus clair résultat de ce conflit de deux forces opposées, de cette lutte, c'est de concentrer davantage l'attention sur l'idée à chasser, par suite, de la rendre plus vive et plus nette dans la conscience, d'où accroissement de l'anxiété ou plutôt d'où addition à l'anxiété primitive, origine même de l'obsession, d'où anxiété secondaire et concomitante, résultant d'un conflit douloureux de la volonté contre cette idée. » Nous devons donc conclure de ce fait que le directeur moral de l'obsédé ne doit pas le pousser à lutter directement contre son idée fixe. Dire à un scrupuleux, « Vous devez, par un effort de volonté, chasser l'obsession », c'est préparer notre malade à un surcroît d'angoisse et d'anxiété, et rendre plus dur le supplice des ruminations mentales. La meilleure éducation de la volonté de l'obsédé, c'est de l'empêcher de faire « des actes de volonté » pour se soustraire à son idée fixe. Qu'il l'accepte au contraire, sans engager de bataille avec elle ! Mais pendant l'invasion de l'idée parasite, que son esprit soit occupé à faire un effort physique ou moral quelconque, en dehors du sujet ordinaire de ses méditations ! Peut-être insensiblement le mauvais rêve s'envolera-t-il, sans que son hôte, distrait par une occupation étrangère, ait connu les affres d'une lutte désespérée, d'où il sortait toujours vaincu.

Le médecin devra agir avec beaucoup de circonspection, de tact, de prudence et de patience pour régler les distractions du psychasthénique anxieux. Les exercices auxquels on peut le soumettre sont innombrables. L'exercice physique est excellent pour les malades non déprimés, robustes et pleins de vigueur. Nous avons pu apprécier dans un cas les bienfaits de la gymnastique suédoise : ce sont des mouvements raisonnés qui réclament une attention soutenue, mais il faut que le malade soit entraîné : pour le stimuler, son compagnon doit exécuter avec lui les mêmes mouvements. La dépense physique que ces exercices entraînent, tout en suscitant une saine dérivation de l'esprit, ne nuit pas non plus au sommeil des obsédés, qui est plus calme et moins agité.

Les arts d'agrément ne réussissent pas toujours aux psychasthéniques. Pour peu qu'ils aient certaines aptitudes naturelles à se livrer à des travaux de peinture, de dessin, de musique, si ces exercices leur sont conseillés comme seuls éléments de distraction, ils les délaissent. Il y a là un élément psychologique à étudier. Beaucoup de psychasthéniques sont découragés, à la seule pensée, qu'ils sont des êtres inutiles sur terre : voilà pourquoi leur faculté d'attention n'est pas mise en éveil, lorsqu'ils s'adonnent au chant, à la peinture, seulement dans le but de se distraire. Il faut que leur travail soit rémunéré : on doit leur choisir des travaux, qui sans être d'une complexité inabordable, sont suffisamment difficiles, pour qu'ils ne deviennent pas l'œuvre d'un pur automatisme. Ils éprouvent alors une certaine satisfaction, celle de l'homme qui s'est rendu maître d'une difficulté ; ils sont contents d'avoir gagné quelque chose par leur travail personnel : tous ces moyens sont autant de bons excitants de la volonté.

Chez nos obsédés, tourmentés par des craintes d'ordre religieux, des questions nouvelles sont à envisager. On sait que pour ces malades, les pratiques religieuses sont l'occasion de nouvelles crises d'anxiété, qu'une prière suffit à réveiller un scrupule, ou une impulsion au blasphème. La confession ou la communion peuvent produire une certaine fatigue, une véritable surexcita-

tion nerveuse. Doit-on restreindre ou supprimer complètement ces différents exercices ? Des esprits ignorants, ne jugeant que par la toute-puissance de la
« grâce surnaturelle » s'empresseront de crier à l'aveu-
glement d'un matérialisme impie, si le médecin détourne
telle âme scrupuleuse de toute espèce de pratique religieuse. Ils diront que la nourriture spirituelle a un autre pouvoir de guérison que les douches ou les exercices physiques. Agissons avec prudence dans de pareilles
circonstances. En faisant abstraction de toute idée religieuse ou athée, considérons nos malades, sans nous
éloigner de nos principes scientifiques : tel scrupuleux
est-il en état de crise ? évitons toutes les occasions qui
peuvent provoquer les accès d'angoisse. Lorsqu'il sera
reposé et aura retrouvé la notion du réel, nous lui per-
mettrons la réception des sacrements. Que cette inter-
diction momentanée des pratiques religieuses ne soit
pas une humiliation pour notre obsédé ! Souvent le
prêtre et le médecin auront besoin de s'entr'aider, de
se concerter pour combiner leurs moyens d'action, et
ne pas froisser la susceptibilité du malade. Celui-ci peut
voir dans les prescriptions du médecin une preuve de
l'abandon de Dieu, même un signe ou un commence-
ment de réprobation. « Il n'a plus le droit de se confesser, c'est donc qu'il ne doit plus aspirer aux ressources de la grâce divine. » L'idée d'une damnation
probable dans l'au-delà peut devenir dans son esprit la
déduction logique de ce raisonnement. C'est au prêtre
à le rassurer, à lui certifier qu'il n'arrivera à la guérison que par son obéissance pleine et entière, son hum-
ble soumission aux ordres du médecin.

Enfin, dans les périodes de grande agitation motrice,

l'obsédé devra se livrer à des exercices de mouvements antagonistes. Comme pour les choréiques, il faudra faire la rééducation de l'immobilité. Mais tous ces moyens ne réussiront également bien qu'à la seule condition que, là aussi, on usera de l'impératif catégorique. Grâce à l'absolutisme autoritaire, on pourra obtenir du sujet, des efforts volontaires, qui feront oublier les tics, les mouvements de défense devenus inconscients.

De cette psychothérapie spéciale, de ces principes de direction morale établis pour la reconstitution mentale de nos psychasthéniques, que devons-nous conclure ? Vont-ils guérir définitivement ces malades, et les mettre à l'abri d'un retour de leurs crises d'obsession ?

Ne nous hâtons pas de crier victoire et de proclamer bien haut le succès de nos procédés thérapeutiques. Bien souvent les améliorations ou les guérisons de nos malades tiennent à un hasard heureux: nous nous trouvions en présence de périodes de rémission, naturelles et spontanées. Néanmoins ne tombons point dans le défaut contraire, qui consiste à perdre toute confiance dans l'œuvre psychothérapique : à n'en point douter, nous rassurons les obsédés, nos commandements impérieux empêchent leurs hésitations, sur lesquelles ils formaient tant de désespoirs. Il faudra continuer notre œuvre de direction morale dans l'intervalle des crises : nous savons que ces crises d'obsession se passent avec l'âge. Peut-être ainsi en avancerons-nous le terme ultime, et réserverons-nous à nos malades une longue période de calme pour leurs derniers jours.

Devant la persistance des troubles des psychasthéniques, devant l'infériorité de nos moyens thérapeutiques, nous devons nous demander si des méthodes nouvelles,

plus rationnelles, n'auraient pas le pouvoir de rendre la
maladie moins tenace, moins redoutable. Pourquoi le
médecin qui connaît l'hérédité des obsédés, les causes
directes de leurs tares mentales, les imperfections de
leur éducation morale, n'aurait-il pas le droit et même
le devoir de s'élever au rang d'éducateur ? Pourquoi,
sachant comment une mentalité anormale se constitue,
ne pourrait-il pas renseigner les directeurs de conscience,
les pédagogues ? Pourquoi s'opposerait-on à ce qu'il
apprenne aux générations nouvelles les moyens d'augmenter les résistances, d'éviter les facteurs de plus
grande prédisposition ?

Ceci nous conduit donc à parler de la prophylaxie de
la psychasthénie. Elle diffère peu de la prophylaxie des
psychonévroses en général. Elle s'en sépare cependant
par quelques points particuliers sur l'éducation morale
et religieuse des obsédés.

# CINQUIÈME PARTIE

## LA PROPHYLAXIE DES ÉTATS PSYCHASTHÉNIQUES

L'art de prévenir les maladies a pour condition nécessaire la connaissance préalable des éléments étiologiques qui ont présidé à leur éclosion. Nous avons appris, au cours de notre étude, quelles étaient les anomalies mentales des ascendants des psychasthéniques, comment les tares héréditaires de l'obsédé s'exagéraient au contact d'une éducation mal comprise, comment enfin certaines causes provoquaient les états paroxystiques.

La prophylaxie de la psychasthénie visera donc les trois grands facteurs qui commandent l'évolution des phénomènes pathologiques : l'hérédité, l'éducation, les chocs émotionnels. A chacune de ces causes devra correspondre un remède pour la combattre.

# CHAPITRE PREMIER

## L'hérédité

S'il est avéré que la forme constitutionnelle de la psychasthénie, celle qui correspond à la neurasthénie héréditaire de Charcot et des anciens auteurs, l'emporte par sa fréquence sur la forme accidentelle ou acquise, cela voudra dire qu'en matière de prophylaxie nous aurons à lutter contre un facteur primordial qui souvent déjoue nos moyens thérapeutiques les plus savamment combinés et les plus appropriés à la maladie : cet ennemi redoutable, on le devine, c'est l'hérédité.

« Les pères ont mangé des raisins verts et les dents des enfants en ont été agacées », écrit le professeur Grasset, dans son livre de *Thérapeutique des maladies du système nerveux*, pour rappeler une parole de la Bible : les termes mêmes du texte ancien démontrent bien que la notion exacte de cette transmission des fautes, des tares des parents aux enfants, n'est pas une idée moderne, mais qu'elle remonte aux premiers âges du monde.

Or, est-ce là un facteur intangible, irrémédiable, qui pèse sur nos têtes comme une loi inéluctable, pareille au Destin des pièces d'Eschyle et de Sophocle, où leurs personnages se débattent en vain contre les arrêts de

cette sorte de divinité impitoyable qu'est la Fatalité ?
N'y a-t-il pas lieu d'atténuer dans une certaine mesure,
de diminuer, d'amoindrir, de prévenir les effets redoutables de cette cause d'aggravation des maladies ? Voilà
bien un problème du plus haut intérêt, dont la solution,
en aplanissant toutes les difficultés qui le compliquent,
nous donnera la clef de la vraie science prophylactique
appliquée au traitement des psychopathies. Cette science
de la prophylaxie n'est, après tout, qu'un chapitre, un
complément, une conclusion de toutes nos connaissances scientifiques générales en hygiène, en physiologie,
en anatomie pathologique, en bactériologie. Si nous envisageons par exemple le problème, en considérant la
fièvre typhoïde, que voyons-nous ? La prophylaxie de
cette maladie infectieuse ne s'est élevée au rang d'une
science complète qu'autant que diverses conditions ont
pu être réalisées. Il fallait la découverte de l'agent pathogène, et de sa localisation. Peu à peu, on est parvenu à
la connaissance du véhicule le plus ordinaire et le plus
redoutable de l'agent microbien ; en même temps s'élu-
cidaient les questions du mode d'introduction du bacille
d'Eberth dans l'organisme humain. Peu à peu, se sont
échafaudées les données fondamentales de l'étiologie
actuelle de la fièvre typhoïde. Certes, elles ne sont pas
encore complètes et définitives ; mais, comme l'écrivent
les professeurs Brouardel et Thoinot, « la part de vérité
qu'elles contiennent a du moins fourni contre l'affection des armes prophylactiques qui, bien maniées, ont
toujours réussi à diminuer la fièvre typhoïde dans des
proportions considérables et en ont fait aujourd'hui
une maladie presque évitable ».

Cependant, lorsqu'il s'agit des maladies infectieuses,

l'hérédité qui est la pierre d'achoppement pour la mise
au point des questions de prophylaxie n'offre pas la
même importance que dans les affections du système
nerveux. Sans doute, l'agent microbien spécifique de la
maladie exercera ses ravages sur tel organe de notre
corps avec d'autant plus de force et de violence que
celui-ci est originellement taré ou qu'il se trouve
déjà congénitalement dans un état d'insuffisance fonctionnelle. Mais, ici, les arrêts de cette dure loi sont
beaucoup moins irrémédiables. Même en matière de
tuberculose, où ces questions soulevèrent tant de controverses, l'hérédité devient un facteur très atténué d'aggravation. Les travaux de laboratoire de ces dernières
années ont démontré que très rarement le nouveau-né,
issu de parents manifestement tuberculeux, portait en
lui le germe de la maladie. Et si plus tard ce sujet devenait lui-même la proie du bacille, il fallait, disait-on,
l'attribuer à la contagion, au contage suspect créé par
la vie commune auprès d'êtres contaminés. D'autres ont
déclaré : « Cet enfant naît pas tuberculeux, mais tu-
berculisable. » Il est venu au monde avec un organisme
défectueux, mal préparé à la résistance à l'infection.
C'était une façon de dire que la tuberculose n'est pas
fatalement héréditaire, mais qu'elle l'est tout de même
à sa manière : il n'y a pas transmission du germe causal de la maladie, mais transmission d'un affaiblissement général du sujet. Quelque valeur qu'ait cette dernière proposition, il n'en est pas moins vrai que le véritable traitement de la tuberculose est encore le traitement prophylactique basé avant tout sur les lois de
l'hygiène. Séparez les enfants de leurs parents, sous-
trayez-les à leur contage perpétuel, toujours dangereux,

envoyez-les, dès les premières années, à la campagne,
et vous verrez ces sujets se développer normalement,
indemnes de toute infection bacillaire, robustes et bien
constitués. La prophylaxie aura ainsi réalisé le but
qu'elle se propose : mettre à l'abri d'une maladie un
sujet qui y était prédisposé de par sa naissance, de par
sa constitution naturelle. Et si plus tard cet enfant,
devenu jeune homme, malgré ses apparences physiques
favorables, est emporté par une phtisie galopante, une
granulie à marche rapide, sera-ce une raison suffisante
pour établir que la prophylaxie n'est qu'un vain mot,
une conception éphémère, qu'elle n'a rien prévenu,
rien empêché ?

Non ! il y a des affections accidentelles imprévues
qui ne sont pas encore de son domaine. Nous sommes
tous, à chaque instant, sous le coup d'une infection
quelconque, même la plus inattendue. Et mal avisé serait celui qui prétendrait aujourd'hui que toutes les infec-
tions aiguës, même la bacillose, trouvent leur explication dans une hérédité fatale. N'a-t-on pas vu, ne voit-on
pas chaque jour, à l'hôpital, ou dans la clientèle de
ville, des jeunes gens robustes, fils de parents indemnes
de toute affection chronique, devenir tout à coup la
proie d'une bacillémie que rien ne faisait prévoir ?

La prophylaxie, pour nous résumer, est donc la science
qui s'applique à prémunir l'individu contre des accidents
maladifs connus que nous supposons plus réalisables
chez lui, mais ce n'est pas encore la science qui mettra
à l'abri de toutes les maladies accidentelles jusqu'ici
réglées par le hasard ou bien par des causes mal éluci-
dées, imprécises, autour desquelles règnent les mystères les plus obscurs.

Mais, si, lorsqu'il s'agit d'affections organiques, la tâche ne manque pas d'être ardue, pour découvrir l'agent pathogène qui aura lésé tel viscère, troublé les fonctions de telle cellule, et en déduire une thérapeutique rationnelle complétée par des notions de prophylaxie dûment établies, combien plus malaisés et hérissés de difficultés seront les rôles du psychiâtre et du neurologiste! Le plus souvent, les troubles qu'ils étudient ne sont plus commandés par des altérations cellulaires, des modifications du chimisme vital, appréciables à nos moyens d'investigation. Dans les maladies infectieuses, les coups d'attaque du médecin s'adressent à un agent vivant, bien connu, dont il a étudié auparavant les moyens d'action, le champ habituel de ses ravages, les conditions qui favorisent la violence de ses investigations et assurent la portée fatale de ses coups. Le savant est au courant des habitudes de vie des agents microbiens: il connaît leurs lieux de retraite, il en prévoit l'évolution. Fort de ces notions et de ces renseignements, il peut leur porter le coup fatal qui amènera leur mort et celle de leur descendance. Grâce à des médications spécifiques longtemps continuées il renforce le terrain d'invasion, il le régénère et peut ainsi prévenir le retour de nouvelles attaques. Si, plus tard, une survie inattendue de quelques-uns de ces éléments vivants, anciens rejetons de l'agent pathogène primitif, dont l'état embryonnaire avait autrefois favorisé l'invulnérabilité, nous fait assister à un réveil de l'infection latente, au contact d'une vitalité nouvelle de l'agent causal, nous verrons bientôt cette invasion réduite à néant par la médication spécifique qui mettra de nouveau à l'abri le sujet porteur de ces germes.

Tel est le tableau de ce véritable combat, que le médecin engage, lorsqu'il s'agit d'anéantir l'hématozoaire du paludisme, combat d'où il sort le plus souvent victorieux grâce à l'arme thérapeutique puissante qu'il a entre les mains. Tel est le tableau de la lutte contre le spirochète, au moyen de l'hydrargyre qui sait atténuer avec tant de vigueur les effets funestes de ce dangereux flagellé.

La science de la thérapeutique prophylactique des maladies mentales et des psychonévroses est autrement difficile : les insuccès sont nombreux et fréquents. C'est que les assises de cette nouvelle science sont encore bien chancelantes, mal consolidées. Beaucoup d'imprécisions, de notions vagues, règnent autour de la pathogénie, de l'étiologie des psychopathiers. Ici, la bactériologie ne peut plus nous rendre les services qu'elle nous offrait, lorsqu'elle mettait à découvert l'agent causal d'une maladie infectieuse.

Le travail est donc ardu pour le neurologiste et l'aliéniste. En cherchant l'explication des phénomènes mentaux qui leur sont présentés, quelquefois ils la trouvent dans une infection d'ancienne date, telle la paralysie générale, où il est admis aujourd'hui presque par tous que sa cause première est le spirochète dont la pénétration dans l'organisme remonte à plusieurs années. Mais les troubles mentaux commandés par les infections sont relativement rares. Plus souvent, le psychiâtre et le neurologiste ont recours à la théorie de l'auto-intoxication qui se trouve vérifiée par une thérapeutique appropriée : tel cardio-rénal présente un délir, avec de la somnolence ; un régime antitoxique complété par le repos fera disparaître aussitôt les ac-

cidents. — Ou bien c'est une intoxication exogène, soit
par l'alcool, soit par le plomb qui a déclanché tout un
complexus morbide mental : il suffira de la suppression
des poisons, ou d'une cure de véritable désintoxication, pour atténuer tous les phénomènes psychiques.
D'autres fois, c'est une psychose d'involution qui ne
fait que mettre en valeur la déchéance vitale de l'individu et son retentissement sur ses cellules cérébrales.

Lorsqu'il aura ainsi passé en revue toutes les causes
provocatrices des troubles mentaux, les infections, les
intoxications exogènes, l'auto-intoxication, les déchéan-
ces vitales dues à l'âge, que restera-t-il encore au médecin pour expliquer tous ces phénomènes ? La notion
de l'hérédité... C'est elle qui le plus souvent dominera,
régnera en maitresse, effaçant, pour les reléguer dans
l'ombre, les autres causes que nous venons de signaler. Même là où les causes précédemment énumérées
paraîtraient jouer le rôle dominant, l'hérédité sera toujours là pour modifier l'allure du syndrome mental, et
généralement pour en aggraver le pronostic. Il est bien
peu de troubles mentaux aujourd'hui qui n'aient leur
explication dans des perturbations analogues relevées
chez les ascendants directs ou collatéraux.

# CHAPITRE II

## Les moyens de combattre l'hérédité

Sachant que l'hérédité est « la grande force qui gouverne le monde », comme le disait Duclaux, « la cause des causes de l'aliénation mentale », selon l'expression de Trélat, il appartient au médecin de commencer son œuvre prophylactique bien avant la naissance de l'enfant.

En art vétérinaire, ne connaissons-nous pas les puissants effets de la sélection des races ? Nos grands éleveurs modernes ont le souci d'obtenir de « bons produits », des « types complets ». Ils les réalisent grâce à des accouplements rationnels basés sur la compensation, la neutralisation des défauts d'une race par les qualités d'une autre. On sait d'autre part que dans un troupeau, tous les éléments dégénèrent, lorsque le mâle, élément reproducteur, s'est accouplé, durant un nombre fixé d'années, avec ses produits propres appartenant à plusieurs générations successives. Pour régénérer le troupeau, il faut lui donner un nouveau sujet mâle, tiré d'un autre troupeau.

Mais l'esprit humain, humilié, s'insurge, à l'idée qu'on peut assimiler les modes de régénérescence de notre

race, aux artifices employés par les éleveurs pour sélec-
tionner les races animales. Quelle utopie ! objecte-t-on.
De pareilles conceptions paraissent irréalisables pour
beaucoup qui les accablent de leurs railleries. D'autres,
indifférents ou sceptiques, les dédaignent et les délaissent, sans les discuter.

Certes la tâche du médecin, qui vise lui aussi des
accouplements rationnels, est autrement délicate et difficile que celle du gardien d'un troupeau. Il n'a plus seulement des instincts à maîtriser, il faut qu'il lutte contre
des intelligences, et combatte des habitudes enracinées.

Et d'abord, la recherche des renseignements néces-
saires en clinique, sur l'hérédité morbide d'un sujet, ne
lui est pas facilitée pour plusieurs raisons. Les parents,
d'une part, ignorent souvent en grande partie cette
hérédité, ou bien ils lui attachent peu d'importance,
ou bien ils la jugent d'une façon inexacte, d'après les
préjugés populaires. D'autres fois, ils la dissimulent,
par excès d'amour-propre, parce qu'ils ont peur de la
dévoiler. L'ignorance des tares héréditaires tient aussi
au médecin lui-même. « Il n'y a plus de médecin de
famille, crie-t-on de toutes parts ! » Et certes, c'est une
vérité incontestable, que l'attachement des familles à
leur médecin, que leur vénération pour le bon docteur
s'en vont. On ne voit plus ces spectacles d'antan, du
médecin prenant part aux grandes fêtes de famille, par-
ticipant aux repas des jours solennels, assis aux côtés
de l'aïeul, entouré des mamans qu'il avait accouchées,
et des petits enfants qu'il se plaisait à tutoyer, à la
grande satisfaction des parents, honorés de cette sympathique familiarité. Peut-être tenait-il cette place d'honneur de sa noblesse d'allure, de son port un peu sacer-

dotal). Mais aussi, il faut bien le dire, s'il jouissait de
cette confiance et possédait cette autorité, c'est qu'il
avait l'âme haut placée. Il était un homme scrupuleux,
peu sceptique, « intimement persuadé de l'efficacité de
l'art de guérir, estimant que nulle science n'est supérieure à celle qui s'efforce de connaître l'homme, et de
lui épargner dans la mesure du possible la douleur
physique et morale ». Il avait des idées générales et
discutait art, philosophie et religion. Les familles s'en-
touraient de ses avis pour régler l'éducation morale
d'un enfant, on l'appelait pour décider d'un mariage, et
le choix d'une profession n'était approuvé que d'après
ses sentences judicieuses.

Nos praticiens modernes sont gens plus simples et
moins solennels. La cherté de la vie a voulu qu'ils
soient moins philosophes. Et si leurs idées générales
sont moins étendues que celles du bon docteur d'antan,
aux cheveux longs, l'élévation de leur pensée est encore pleine de noblesse et de droiture. Plus sceptiques
que leurs devanciers, leurs conceptions utilitaires de la
lutte pour l'existence leur a valu de se cantonner dans
les spécialités. Ils ont limité leur champ d'action : l'être
humain fut découpé en tranches nombreuses dont chacun prit une part, pour la connaître et l'étudier dans
ses moindres détails. On se prit à oublier le terme de
solidarité qui unissait ces divers tronçons entre eux, et
réglait les synergies fonctionnelles de leurs éléments
vitaux. Emportés par ce courant de spécialisation, les
nouveaux esprits faillirent être entraînés sur la pente
de l'erreur. N'étaient-ils pas sur le point de dissocier
dans l'être « un organisme physique d'une part qui
fonctionnerait d'une façon autonome et en quelque sorte

spontanée, et d'autre part, un organisme psychique qui penserait dans le vide et sentirait dans l'espace »? Les neurologistes et les psychiâtres, plus philosophes et plus généralisateurs, arrêtèrent la marche en avant de théories aussi dangereuses. Habitués à traiter les maladies de l'âme, ils voyaient l'influence du physique sur le moral, et du même coup, faisaient prévoir l'action réciproque du moral sur le physique.

Ce fut à eux que les malades accoururent, pour confier leurs détresses morales. Ces médecins de l'âme, auscultant les consciences, palpant les sentimentalités, furent mis au rang de directeurs laïques. Ils confessèrent les esprits tourmentés, qui leur dévoilèrent ainsi toute leur personnalité. Aujourd'hui, la confiance dont on entoure leur personne, ils la doivent à leurs idées générales. Ce ne sont pas seulement des médecins, ce sont encore des moralistes. Et c'est pourquoi eux surtout jouissent, dans les familles, de cette autorité, que les bons médecins d'autrefois possédaient à un si haut degré. Eux, de préférence, sont les dépositaires de secrets qu'on eût jamais dévoilés à un autre, indifférent, aux misères morales des malades. Eux enfin connaissent bien les tares mentales des générations successives d'une même famille.

Voilà donc notre médecin juge de « la situation héréditaire ». C'est à lui, n'est-il pas vrai, que devrait incomber le soin de rédiger « ce livre de raison médicale », que réclame le professeur Grasset, et dans lequel toutes les maladies de la famille seraient consignées. Chaque membre y serait dépeint avec son caractère, son tempérament ; on soulignerait surtout les déviations morbides mentales, l'émotivité, la susceptibilité, la timidité, les tendances aux scrupules. Les stigmates du neuro-arthritisme seraient bien mis en valeur. On noterait les tares tuberculeuses et alcooliques, les diverses infec-tions chroniques, syphilitique et paludéenne. Les mé-thodes d'éducation morale et religieuse seraient signa-lées pour chacun.

Le mariage sera la première étape de l'œuvre pro-phylactique du médecin. Croit-on qu'elle n'aurait au-cune efficacité, lorsqu'on songe à la réalité de ce fait, si souvent observé? Les psychasthéniques se recherchent entre eux. Et l'obsession du scrupule dans certaines professions libérales est particulièrement fréquente : or, bien souvent, le père et la mère appartiennent au même milieu depuis plusieurs générations. Le mal s'exagère, par transmission héréditaire, et ces malades sont voués à une incurabilité complète.

Pourquoi donc ne pas employer la méthode propo-sée par divers médecins ? Une entente serait décidée entre les docteurs des deux familles qui seraient déli-vrés préalablement du secret professionnel. Le méde-cin du jeune homme et celui de la jeune fille discute-raient seuls les raisons favorables et défavorables. Ils consulteraient chacun leur « livre de raison » et établi-raient, sur des données précises, le pour et le contre, de leur avis définitif. Ils rendraient la réponse aux pa-rents, qui serait nette, dénuée de commentaires, sim-plement positive ou négative.

La proposition d'un pareil procédé ne manquera pas de provoquer les railleries des sceptiques. « Si la réponse est oui, objectera-t-on, c'est le mariage conclu, les méde-cins seront « portés aux nues ». Si c'est un non formel, on passera outre, on jettera l'anathème sur toute la Fa-

culté, et nos jeunes gens s'épouseront coûte que coûte. »
A cela nous répondrons que cette éventualité dernière,
cette dérogation aux lois de la bienséance et de la
politesse est peu vraisemblable : des parents qui propo-
sent d'eux-mêmes une convention secrète entre leurs
médecins, pour décider du bonheur réciproque de leurs
enfants, voilà qui suppose une honnêteté foncière :
doués de cette vertu première, ils auraient garde de ne
pas montrer le courage du sacrifice, en face d'une sen-
tence médicale non favorable.

En règle générale, pour lutter contre l'hérédité, nous
devons suivre les principes établis par le professeur
Gilbert Ballet : « L'intervention dans l'acte de la pro-
création d'un conjoint robuste et indemne de toute tare
suffit souvent à atténuer, sinon à annihiler l'influence défavorable de l'autre conjoint. » « Aussi la dégénérescence
n'est-elle pas fatalement progressive, une heureuse sélection pouvant l'enrayer dans sa marche. » Avant tout,
il faut éviter la consanguinité. « Elle transmet avec plus
de sûreté les caractères communs aux deux conjoints.
Voilà pourquoi dans les familles qui sont affectées de
tares nerveuses ou autres, elle concourt puissamment
à la déchéance de la famille. »

Vis-à-vis des psychasthéniques, il importe de régler
certaines conditions fondamentales, pour empêcher un
choix malheureux, des alliances désastreuses. Autant
que possible, il faut éviter qu'ils se marient entre eux.
On ne conçoit guère un ménage de scrupuleux : deux
conjoints pris par l'anxiété et l'angoisse, et s'interrogeant
mutuellement sur leurs doutes, sur leurs préoccupations
obsédantes ! Une vie active, avec un but bien défini,
doit être imposée au psychasthénique marié. Le désœu-

vrement ne peut qu'exagérer ses tendances natives à la méditation et à la rêverie. Qu'il ait une profession nécessitant peu d'efforts intellectuels trop continus et trop intenses, et n'entraînant pas des responsabilités trop préoccupantes !

Le mariage ne peut être interdit à l'obsédé, de même que le célibat ne peut lui être conseillé d'une façon formelle. C'est à lui de consulter ses goûts. Capable de contrôle et de discussion en dehors de ses crises, il peut s'être constitué soit une éthique, soit un idéal philosophique ou religieux. Qu'on ne le détourne pas de sa ligne de direction que lui-même s'est tracée : c'est sa plus forte arme de combat. Rappelons-nous les enseignements du professeur Grasset. « Le mariage, le célibat, la vie religieuse ne font que du bien, s'ils sont dans les goûts du sujet, et ne font que du mal s'ils sont imposés, et s'ils ne réalisent pas l'idéal espéré. »

# CHAPITRE III

## L'éducation

UNE NOUVELLE PÉDAGOGIE BASÉE SUR LA PHYSIOLOGIE, SUR LA PSYCHOLOGIE EXPÉRIMENTALE ET SUR LA NEUROLOGIE, NÉCESSITÉ D'UN IDÉAL MORAL PHILOSOPHIQUE OU RELIGIEUX COMME PRINCIPE DIRECTEUR DE L'ÉDUCATION DES PRÉDISPOSÉS AUX PSYCHONÉVROSES,

Les psychologues, les philosophes, les hommes de loi, les médecins, ont toujours été les premiers à se rendre compte des difficultés de l'éducation. « Il n'y a pas, a-t-on dit, de métier plus difficile que celui d'éducateur. Peu de parents se rendent compte de la responsabilité qu'ils ont contractée en appelant à la vie un enfant qui aura beaucoup à souffrir avant de mourir ; très peu comprennent toute l'étendue de leurs devoirs, toutes les difficultés d'une tâche qui exige tant de dévouement et de prudence. »

De tous, on peut bien le dire sans crainte de se tromper, c'est encore le médecin qui, pour juger cette question si délicate de l'éducation, jouit de la position la plus privilégiée. N'a-t-il pas dans sa main tous les moyens pour « découvrir les ficelles cachées qui font mouvoir la marionnette humaine, et pour tirer les bonnes, celles qui provoquent les mouvements adaptés au rôle à jouer » ? Les psychiâtres et les neurologistes, eux surtout, ont vu ce rôle immense que joue la mentalité, non seulement dans la conduite morale, mais aussi dans les états pathologiques qui en sont la conséquence.

Déjà, au XVII° siècle, Descartes proclamait cette influence prépondérante de la médecine sur la formation du caractère : «... Car même l'esprit, disait-il, dépend si fort du tempérament et de la disposition des organes du corps, que, s'il est possible de trouver quelque moyen qui rende communément les hommes plus sages et plus habiles qu'ils n'ont été jusqu'ici, je crois que c'est dans la médecine qu'on doit le chercher. »

Entrant dans la voie tracée par Descartes, sous l'impulsion de Ribot, Fouillée, Guyau, Pierre Janet, quelques professeurs de philosophie ont eu depuis plusieurs années l'heureuse pensée d'associer l'étude de la médecine à celle de la philosophie et de faire de la psychologie expérimentale en l'appuyant sur la neurologie et la pathologie mentale. Il serait donc à souhaiter que l'enseignement de la pédagogie soit confié à ces professeurs. Sans doute, pour les maîtres, qui n'ont point étudié la physiologie et la pathologie de l'esprit, une semblable proposition peut paraître exagérée. Ils objecteront que les médecins ne voient partout que des faibles, des anormaux, des malades ; qu'à leurs yeux, les paresseux et les tristes sont des neurasthéniques, les impressionnables et les irritables des hystériques, les violents des épileptiques. Non, les médecins ne voient pas partout des enfants malades ; mais ils en voient beaucoup, parce qu'il y en a beaucoup.

« A côté des Purgon et des Fleurant de Molière, qui abusent des médicaments, il y a d'autres médecins qui en font un usage judicieux et savent utiliser l'influence de l'esprit sur le corps. Ces cliniciens psychologues, dont

quelques-uns sont des savants de premier ordre, loin
d'avoir la sotte prétention de remplacer les leçons de
morale et de philosophie par des pilules et des médicaments, demandent à la psychologie les moyens de
guérir le corps, en guérissant l'esprit par des leçons de
philosophie morale, des entretiens psychothérapiques,
l'éducation rationnelle de la volonté. Médecins de l'âme
aussi bien que du corps, ils ne se contentent pas de dire :
« *Mens sana in corpore sano* », ils ajoutent : « *Corpus
sanum in mente sana* ». Ce sont leurs travaux qui ont
éclairé d'une vive lumière la psychologie de l'enfant.
Grâce à cette intelligente collaboration des psychologues et des médecins, on a vu cette science nouvelle
faire de grands progrès. Nous devons citer, comme y
ayant contribué dans une large mesure, les travaux de
Bain, de Spencer, de Preyer, de Ribot, de Bernard Perez,
de Magnan, de Maurice de Fleury.

La connaissance des tempéraments et des caractères
devenait donc une œuvre scientifique, puisqu'elle était
fondée désormais sur la physiologie, sur la psychologie
expérimentale et sur la neurologie. Ce fut dans ce but
qu'on créa *la Revue de Pédiatrie*. On s'occupa surtout
au début du traitement des anomalies mentales chez les
écoliers : on établit les principes d'éducation des « faibles d'esprit », des débiles, des imbéciles et des idiots.
MM. les D\* Philippe, Paul Boncour, Roubinovitch,
Grasset, par leurs écrits, surent montrer l'importance de
l'intervention médicale dans ces questions. Dans un
livre très suggestif: *l'Introduction à la médecine de l'esprit*, le D\* Maurice de Fleury ouvrait des horizons
nouveaux. Il enseignait aux « gens du monde », suppo-
sés sujets normaux, sans défaillances intellectuelles ni

débilité mentale congénitale, les moyens de combattre
la paresse par l'hygiène du corps et l'utilisation de l'idée
fixe. Il apprenait à « soigner utilement et rationnelle-
ment l'ennui stagnant, la tristesse chronique, la mélancolie sans motifs, le pessimisme de tempérament, cette
tendance à ne rien voir que sous des couleurs noires
à se torturer perpétuellement soi-même, à désoler sans
trêve son entourage, qui est l'une des maladies d'âme
les plus fréquentes du temps présent ». Enfin il donnait
les remèdes pour éteindre dans nos cœurs le feu dévo-
rant de la passion ; il traitait les amoureux, les jaloux,
comme des intoxiqués, des morphinomanes, qu'il faut
isoler et tonifier.

La conclusion logique d'un tel livre devait être l'exposé d'une nouvelle morale. Le Dr Maurice de Fleury
n'a pas craint de se hausser jusqu'à la dignité d'un
philosophe pratique. Il veut une morale pour la tro-
sième République. Mais ce ne sera pas la morale de
la religion catholique, car elle n'a d'efficacité, dit-il, que
pour les vrais fidèles, que pour les chrétiens pratiquants.
Il en réclame une pour ceux qui « sont abandonnés à
leurs propres ressources, aux lâchetés de leur transi-
geante conscience, et qu'il faudrait tâcher d'aider à
vivre décemment ». Et alors il propose la doctrine de
Guyau. La vraie sagesse de l'homme consistera dans
le développement extrême de son être, dans la pleine
expansion du moi. Elle reposera sur l'instinct de la conservation : sa récompense, ce sera la joie de vivre, et la
paix sur la terre aux hommes de bonne volonté ; son
châtiment, le sentiment de déchéance et la fatigue du
désordre, la continuité de la tristesse. Morale bien froide,
dirons-nous, peu consolatrice pour les malheureux qui

souffrent, et qui, instinctivement, comptent sur une indemnité dans l'au-delà. Nous craignons bien qu'elle
ne soit pas à la portée de toutes les intelligences, surtout de toutes les sentimentalités. Certes, la morale du
Dr de Fleury serait une œuvre bienfaisante dont la mise
en pratique aurait une efficacité non douteuse, et con-
tribuerait certainement à la prospérité d'un peuple:
en prêchant l'individualisme, elle réveille les énergies,
elle développe l'audace et l'initiative, et combat la
paresse et l'incuriosité d'esprit. Mais en dépit de son
rationalisme et de sa logique, elle est incomplète et
surtout n'a pas pour base la psychologie expérimentale.
Beaucoup moins absolues, mais beaucoup plus vraies
et plus pratiques sont les formules du Dr Dubois
de Berne et du professeur Déjerine. Le premier nous
dit : « *Pour trouver le bonheur intime et la santé, il
faut détourner notre attention de nous-même, et l'intérêt pour les autres, l'altruisme, doit prendre la place
de l'égoïsme naturel... Ceux à qui leur tournure d'esprit permet encore la foi naïve trouveront un appui
dans leurs convictions religieuses, à condition qu'elles
soient sincères et vécues. Ceux que leurs réflexions amènent inéluctablement à la libre pensée, trouvent en eux-
mêmes, dans un stoïcisme dégagé d'égoïsme, la force de
résister à tout ce que nous apporte la vie. Malheur aux
indifférents, à ceux qui ne recherchent que la satisfaction de leurs désirs matériels ! Il est dangereux de traverser la vie sans religion ou sans philosophie. Je pour-
rais même, sans faire aucunement tort aux croyants,
dire tout court : sans philosoph'e, car la religion elle-
même ne peut être efficace que si elle réussit à créer
chez celui qui la pratique, une philosophie de vie.* »

Ce sont là des vérités, dont la valeur expérimentale a été reconnue par le professeur Déjerine qui termine ainsi son dernier livre sur les psychonévroses. « *On peut faire beaucoup de bien à nombre de sujets en leur montrant que le plus sûr garant contre toutes les petites, voire contre toutes les grandes causes émotives, c'est de se constituer soit une éthique, soit un idéal philosophique ou religieux... La vie montre tous les jours que ceux-là sont bien plus résistants aux soucis, aux chagrins, aux vicissitudes diverses qui ont su objectiver en dehors d'eux-mêmes un idéal, d'ailleurs quelconque, mais dont la réalisation progressive fait l'unité de leur existence. Les hommes au contraire, dont la vie, journalière pour ainsi dire et sans ligne de direction, semble s'arrêter à tout instant, se perd et se diffuse dans les allées et venues de toutes sortes, sont bien plus mal armés. Sans convictions définies, ils n'ont de raisons bien précises d'aller nulle part et le moindre obstacle qu'ils rencontrent sur leur chemin les immobilise.* »

De pareilles théories reflètent un esprit de grande tolérance. Le non-absolutisme de leurs formules permet à nos consciences de se mouvoir plus à l'aise, et de chercher l'idéal qui bon leur semblera. Il s'en dégage une morale plus complète, puisqu'elle ne s'occupe pas seulement de notre vie individuelle mais de nos relations avec nos semblables. L'homme ne doit plus s'arrêter à la considération de sa propre personne : il faut qu'il s'élève jusqu'à l'altruisme embrassant dans un commun amour toute créature animée. Dès lors la morale ne s'applique plus à l'individu isolé, à un petit groupe d'égoïstes ; elle embrasse le tout et devient la morale de la solidarité.

Certes, toute morale est utilitaire, celle de Guyau,
comme celle du chrétien : l'une recherche le bonheur
en ce monde, l'autre l'attend dans l'au-delà. La première réconforte l'homme bien portant : dans la plé-
nitude de sa force, il peut avec joie se lancer dans l'action, sans ménager sa peine et sa fatigue. Mais puisque
sa récompense est le bonheur de vivre, nous ne voyons
guère qu'elle rassure et encourage les déshérités de la
vie : l'esprit chrétien, au contraire, ne les oublie pas et
fait mirer devant leurs yeux la joie des félicités éternel-
les. Indirectement, ils éprouvent l'amour de la vie,
réconfortés par l'attrait de la récompense future. Tou-
tefois la morale chrétienne a ses préoccupations altruis-
tes. N'enseigne-t-elle pas : « Aime ton prochain comme
toi-même » ? Elle impose ainsi à l'homme des devoirs
dont la réalisation est quelquefois bien difficile. Ce n'est
plus seulement la morale de la résignation, de la pau-
vreté, et de la paresse, qui, en échange des renonce-
ments aux biens du monde, reçoit l'assurance du bonheur futur. Elle se relève de son égoïsme plat, en
prêchant la solidarité. Elle devient dès lors une morale
d'action, qui excite les énergies individuelles et les fait
sortir de leur torpeur. Sa moralité n'est pas qu'appa-
rente : elle réveille l'enthousiasme endormi du chrétien
pour les douces joies terrestres de la Charité et de la
Bonté, elle le dépouille de son lâche utilitarisme en lui
faisant oublier les convoitises du bonheur céleste. Et ce
« *nouveau philosophe religieux* » est conquis définitivement à la sympathie des peuples : il s'est élevé jusqu'aux
sphères les plus sublimes, grâce à l'épanouissement de sa
pleine intelligence et de sa plus touchante sentimentalité.

Telle est cette morale philosophique et religieuse, qui

est la conclusion logique de toute discussion sur les maladies de l'esprit. Elle est le produit de l'expérience scientifique, et la résultante de sages réflexions, de profondes méditations sur les travers des névropathes. Les idées morales qu'elle propose comme règles de vie, comme idées-forces, ne sont pas des principes d'une méthode nouvelle. La pédagogie médicale a trouvé ses lumières, en puisant dans le livre de *l'Éthique* que lui ont légué les siècles. Très éclectique, elle butine un peu partout et applique à son siècle les idées de Socrate, comme celles du Christ, d'Épictète, de Sénèque et de Marc-Aurèle.

Nos médecins moralistes sentaient le besoin d'éclairer les consciences et d'apporter dans les esprits un peu plus de clairvoyance morale. Un fait les avait frappés, c'est que la morale du Christ, dont eux aussi se réclamaient, n'avait pas amené sur la terre le bien-être des humains. Et pourtant « quels hommes, disait-on, seraient plus heureux que les chrétiens, s'ils se réglaient, en tout, sur la morale de l'Évangile ; alors quelle douceur dans les mœurs, quelle cordialité dans le commerce de la société, quelle règle, quelle honnêteté, quelle justice dans toutes nos actions ! » Ils n'avaient donc pas été émerveillés du résultat obtenu au bout de dix-neuf cents ans. Et dès lors, pensant à leurs malades, ils s'étaient pris à réfléchir, à méditer : ils n'avaient pas tardé à reconnaître, que la morale du Christ ne devait être comprise qu'autant qu'elle deviendrait une morale vraiment rationnelle.

L'Église mettait au premier rang les préoccupations dogmatiques et laissait trop peu de place à l'enseignement moral. Elle développait chez les masses non des

besoins religieux, mais des habitudes cultuelles sans
influence moralisante. « Il est plus facile, comme le dit
le D' Dubois, de se soumettre à des rites, d'aller à la
messe ou au sermon, de faire maigre ou de jeûner, que
de changer son cœur et d'être aujourd'hui meilleur
qu'on ne l'était hier. »

Nos moralistes fondaient leur idéal moral sur « l'expérience de tous transmise à tous ». Ils apprenaient ainsi
aux chrétiens que, pour pouvoir appliquer les préceptes
d'une révélation divine, il faut d'abord en comprendre
l'utilité.

Enfin, l'éducation morale donnée par l'Église man-
quait de souplesse. Elle paraissait s'adresser à des hommes mis sur le même pied d'égalité. La science montra
qu'il fallait tenir compte des mentalités faussées par
l'hérédité et l'atavisme, que chacun naissait sur terre
avec un contingent d'émotivité fixé suivant les lois du
déterminisme. Dès ce jour, n'était-il pas sans danger
de laisser les âmes s'abandonner aux rêvasseries mystiques, s'assoupir à la langueur mystérieuse qui s'exhale
des chapelles embaumées, lorsqu'on connaît leurs na-
tures impressionnables, crédules et accessibles à l'exal-
tation ? Ainsi donc la philosophie de nos maîtres devenait une école de l'indulgence où l'on apprenait la
science du tact exquis, science indispensable pour
redresser les mentalités déviées.

Cette clairvoyance morale que nos moralistes réclament comme principe primordial de l'éducation de
l'individu, s'applique surtout à ces prédisposés qui
doivent plus tard verser dans la psychasthénie : ces sujets
n'ont pas la notion du réel ; ils ne pèsent pas les faits
à leur juste valeur. En dépit de leur intelligence souvent

éveillée, ils sont incapables de se conduire eux-mêmes dans la vie : leur sens critique faussé ne leur permet pas de s'accommoder aux réalités. Les moindres actes de leur vie deviennent l'occasion d'interminables délibérations. Certes, ils ne sont pas de ces gens inertes, amorphes, ni vertueux, ni vicieux, dont parle un romancier contemporain, qui n'ont pas laissé le souvenir d'une personnalité, qui ont à peine vécu, qui ont eu peur de vivre. Ceux-ci que fustige Henri Bordeaux, recherchent leur tranquillité : ils sont de purs égoïstes. Le psychasthénique n'est pas un égoïste : et souvent il tombe malade, parce qu'il a pris les choses « trop à cœur ». Il a peur des responsabilités, parce qu'il se défie de ses propres forces : maintes fois, on le voit animé des meilleures intentions, mais il fait volte-face juste au moment du danger, parce qu'il le voit plus grand qu'il n'est, et qu'il se considère trop faible pour le vaincre. C'est avant tout un grand timide, qui ne va jamais de l'avant ; et sa timidité, fruit de l'hérédité, a trouvé son plein développement dans une éducation familiale mal adaptée à son tempérament. Ses maîtres, à qui il a été confié, ont cultivé son intelligence : on évitait qu'il se bataille avec ses camarades, parce que la vieille routine est là qui s'impose et crie à la conscience de l'enfant : « Jeux de mains, jeux de vilains ». On a arrêté sa main qui allait frapper l'adversaire : le peu de courage qu'il gardait au fond de lui-même s'est éteint. Dès ce jour, il n'a plus osé se défendre et donner de gifle aux camarades, qui riaient de sa faiblesse. Enchaîné par la discipline de fer des collèges, qui impose l'esprit d'obéissance, il est devenu un enfant sage, très doux, qui se soumet entièrement aux ordres des maîtres. Il

ne voulait pas qu'on le blâme et avait un désir immo-
déré de la louange. Ses directeurs de conscience l'ai-
maient parce que son âme sentimentale était pleine de
délicatesse. On prévoyait en lui, pour plus tard, un fonds
de profonde bonté, d'honnête droiture : ne se deman-
dait-il pas toujours : « Fais-je bien, fais-je mal ? » Quelle
belle âme ! pensait-on. Et il avait aussi des goûts artistiques : il se plaisait dans la musique, dans la déclama-
tion : on l'applaudissait lorsqu'il débitait des vers. Il
lisait beaucoup, mais on ne lui permettait que les romans « convenables », étranges compositions d'histoires
fictives, invraisemblables et irréelles. Enfin c'était un
rêveur qui, son devoir fini, passait la fin des études à
regarder en l'air et à réfléchir. C'était aussi un mystique qui avait le goût des méditations sur l'au-delà, et
dont les traits s'illuminaient à l'idée des félicités éter-
nelles. Lorsque le prédicateur décrivait les réalités bles-
santes, les turpitudes de ce monde, son regard aussitôt
s'assombrissait et exprimait le dégoût, le désenchante-
ment.

Cet enfant, cet adolescent sur lequel on fondait tant
de fermes espoirs, qu'est-il devenu à la sortie du collège ? Les médecins, eux surtout, le savent, parce que
c'est à eux qu'il est venu demander de nouveaux principes d'éducation morale. Mais il était trop tard. Les
habitudes prises étaient presque irrémédiables. Il y a un
âge limite, où les suggestions les plus coordonnées, les
plus raisonnées, n'ont plus pouvoir sur la transformation
de l'individu. Le jeune homme qui a atteint sa ving-
tième année, peut considérer sa destinée morale comme
presque définitivement réglée : le médecin est en droit
de tirer son horoscope. On ne crée guère à cet âge de

nouveaux instincts artificiels capables de faire équilibre aux tendances morbides que le sein maternel a données, et que vingt années de mauvaise contagion ont aggravées.

Puisque le médecin ne considère pas les tarés, les futurs déséquilibrés, comme à jamais perdus pour l'humanité, de l'heure où ils jettent leur premier cri, puisqu'il a foi dans la transformation du caractère par l'éducation, il importe que les maîtres, à qui sont confiés les enfants, n'agissent pas à la légère. Qu'ils réfléchissent et scrutent l'âme de leurs élèves! Qu'ils s'arment de souplesse, et n'imposent pas, de parti pris, sans discussion, telle méthode sous prétexte qu'elle réussit sur la généralité!

La thérapeutique serait une science facile pour le médecin, si elle s'adressait à des maladies toujours identiques à elles-mêmes; il serait à la portée de tous de remplir le rôle de thérapeute. Mais les maladies ne sont que des schémas, des constructions de notre imagination, qui servent à nous reconnaître dans le dédale des réalités cliniques que la nature nous présente. Nous avons à traiter des malades et non des maladies, ce qui veut dire que la même maladie aura des allures différentes chez chaque malade, suivant les prédispositions héréditaires, suivant aussi les altérations des organes apportées par les maladies antérieures. En matière de pédagogie, ces mêmes faits se réalisent, et c'est pourquoi il n'est pas donné à tout le monde de savoir éduquer les enfants. « Une éducation, dit le professeur Grasset, doit surtout, et c'est ce qui en fait la difficulté, varier suivant les enfants, être adaptée au caractère propre de chaque enfant. Elle n'est pas susceptible d'une formule unique. »

Ainsi donc, visons à plus de clairvoyance morale. Ouvrons les yeux des enfants. Et ne pénétrons pas dans leurs intelligences, par la voie de l'imagination, trop folle conseillère, mais par la voie de l'entendement, et surtout du cœur. Qu'ils voient clair dans leurs consciences, pour qu'ils ne deviennent pas plus tard des forçats du scrupule, des êtres emprisonnés par le doute et la crainte!

Toute œuvre d'éducation ne s'adresse pas uniquement à la conduite morale de l'individu : pour être complète, elle ne néglige pas l'hygiène physique, partant du principe admis : *Mens sana in corpore sano.* Mais l'axiome inverse lui fait dire qu'elle doit aussi surveiller l'intelligence de l'enfant. Enfin, elle ne doit pas non plus rester indifférente à l'éducation religieuse. La pédagogie médicale, étant avant tout une œuvre de grande tolérance, jugera avec la plus grande impartialité cette dernière question, qui est aussi de son domaine, puisque les principes religieux inculqués à l'enfant ont une influence indiscutable sur le développement ultérieur de sa mentalité. Tout en visant plus spécialement les psychasthéniques, nous essaierons de discuter les principaux problèmes que ces sujets d'éducation physique, intellectuelle, morale et religieuse des prédisposés aux psychoses et aux psychonévroses, ont pu soulever au cours de ces dernières années.

## DEUXIÈME PARTIE

### LES MOYENS ADJUVANTS DE L'ÉDUCATION MORALE : L'HYGIÈNE INTELLECTUELLE, PHYSIQUE ET SEXUELLE

Les traités de philosophie, les livres de morale abondent : tous les philosophes ont laissé à leur génération des règles de conduite, des enseignements moraux basés sur leurs conceptions du monde, sur l'art du mieux vivre ou du bien mourir. Mais les livres passent, et les hommes ne changent point : il y a des malheureux comme par le passé. Et malgré l'ardeur de nos moralistes contemporains à proclamer la nécessité des vertus de tolérance, d'indulgence, d'humilité, de modération, de patience, de vaillance, de chasteté, de sincérité, de bonté, nous ne croyons pas que le nombre des sectaires, des intransigeants, des orgueilleux, des impondérés, des violents, des lâches, des pervertis sexuels, des hypocrites et des égoïstes, ait beaucoup diminué.

Certes, les livres de morale sont utiles, et il en est d'admirables et d'excellents. Mais beaucoup de leurs maximes, pleines de sagesse, sont trop générales. Elles s'adressent surtout à une élite de la société, à des individus formés, en pleine puissance de vie intellectuelle, à des gens équilibrés, qui n'ont guère besoin de morale. Elles ne peuvent être appropriées à toutes les mentalités. Et ce ne sont pas elles qui rétabliront l'équilibre, mettront un peu d'harmonie dans tous les éléments disparates qui constituent la machine cérébrale de l'enfant nerveux.

Voilà pourquoi il faut des maîtres à l'enfant. Tous les préceptes de l'Évangile, toutes les plus belles maximes morales n'auront d'efficacité sur les âmes, qu'autant que les éducateurs s'adresseront à la personnalité propre du sujet. Il faut l'action bienfaisante d'un être sur un autre, que ce soit de maître à élève, d'ami vaillant à ami faible, de médecin à névropathe.

Mais l'armée des nerveux est innombrable, dira-t-on. Combien voyons-nous sur les bancs des collèges, de paresseux, d'indociles, de peureux, de jaloux, de timides, de susceptibles, de sentimentaux, de scrupuleux ! Ils sont légion. Et puisqu'on ne peut jeter les enfants dans le même moule, les frapper comme des médailles à la même effigie, il faudra varier les méthodes, et approprier les enseignements à leurs anomalies mentales, à leurs défectuosités de tempérament. Ce serait peut-être compliquer étrangement les programmes des maisons d'éducation et nuire à la bonne harmonie de l'enseignement général !

Cependant les collèges ne sont point faits uniquement pour les bons élèves. Tous les petits nerveux ont droit à la sympathie et à la compassion des éducateurs. Mais puisque nous risquerions de rendre la tâche des maîtres trop lourde et trop délicate, en leur imposant de s'occuper particulièrement des névropathes, ne pourrait-on pas s'adresser à un autre maître, plus habitué à scruter les consciences, à palper les sentimentalités, c'est-à-dire au médecin ? Pourquoi ne pas placer dans chaque maison d'éducation un médecin expérimenté, très versé dans la neurologie et la psychiatrie, qui ne saurait pas seulement soigner le corps, mais qui serait capable de rechercher les causes morbides de la jalousie, de la paresse, de la colère, de la peur, de la timidité, de la susceptibilité, de l'émotivité ? Le médecin deviendrait ainsi le collaborateur des parents et des maîtres, des instituteurs et des professeurs, des prêtres et des directeurs de conscience. Les Dʳˢ Le Gendre, Mathieu, Maurice de Fleury ont formulé plus d'une fois ce vœu : et c'est sur leur initiative qu'un mouvement s'est produit pour élargir la part qui revient au médecin dans l'éducation des enfants. Ils partaient de ce principe qu'aujourd'hui un médecin doit mieux que tout autre connaître la psychologie des sentiments et des passions, des émotions et de la volonté, et qu'en conséquence, il peut soigner le moral comme le physique. Les parents, les premiers, n'ont pas craint de manifester leur sympathie pour ce nouveau mouvement : ils ont répondu à l'appel bienveillant du Dʳ Mathieu, qui a pu fonder ainsi avec leur appui la *Ligue des médecins et des pères de famille.*

Grâce à la collaboration courtoise de professeurs de philosophie, de directeurs de collège, de pères de famille et de médecins, on parvint à mettre au point plus d'une question en litige qui visait soit l'hygiène intellectuelle, soit l'hygiène morale, physique ou sexuelle à donner à l'enfant. Tous étaient animés du même esprit de dévouement, tous étaient épris du même enthousiasme pour l'amélioration de la race par la transformation des caractères.

Nous passerons donc en revue les différents problèmes que ces questions d'éducation ont soulevés, au
cours de ces dernières années, en montrant l'influence
prépondérante des idées médicales sur l'orientation des
réformes et des nouveaux principes de pédagogie.

Et d'abord une première règle s'impose pour les parents, les maîtres et tous les éducateurs, sans laquelle
toute œuvre d'éducation est un non-sens, et qui plus
est, devient néfaste et dangereuse pour l'enfant. Qui
que nous soyons, déterministes ou monistes, nous
n'avons pas le droit de laisser pénétrer dans l'esprit de
l'enfant le soupçon que toute défaillance morale est irrévocable. Il faut que l'enfant ait une pleine conscience de
sa responsabilité, de son libre arbitre, et qu'il soit convaincu qu'il peut se corriger de ses penchants héréditaires, qu'il peut résister à ses impulsions mauvaises.

Avec la doctrine de la fatalité héréditaire et de l'ir-
responsabilité, l'éducation de la volonté est impossible,
parce que la volonté n'existe plus et devient un non-
sens.

« Toute l'éducation, a dit Guyau, doit tendre à ce but :
convaincre l'enfant qu'il est capable du bien et incapable du mal, afin de lui donner en fait cette puissance
et cette impuissance, lui persuader qu'il a une volonté
forte afin de lui communiquer la force de la volonté,
lui faire croire qu'il est moralement libre, afin que l'idée
de liberté morale tende à se réaliser progressivement. »

On comprend aisément que si nous disons à un enfant qu'il est mal doué, qu'il a une mauvaise nature,
qu'il ne fera jamais rien de bon, qu'il finira mal, c'est
le décourager, c'est inhiber tout ce qui peut lui rester
d'impulsions vers le bien, c'est le paralyser, c'est lui

ôter même la pensée de se faire violence, pour se réfor-
mer, se corriger,

Et à ce propos, puisque nous proclamons la nécessité de la croyance au libre arbitre, comme doctrine
essentiellement moralisante pour l'enfant, qu'il nous
soit permis de faire une réflexion sur une question de
dogme catholique, qui n'est pas sans rapports avec le
principe de la fatalité héréditaire : on connaît la doctrine religieuse de la prédestination, d'après laquelle
Dieu, le créateur du monde, être tout-puissant, sait
d'avance, avant que nous voyions le jour, quelle sera
notre destinée dans l'au-delà, s'il doit nous compter
parmi ses élus ou, au contraire, parmi les damnés, les
réprouvés. Nous ne combattons pas la vérité de ce
dogme, de même que nous ne discutons pas la valeur
intrinsèque des doctrines déterministes ou monistes ;
mais nous n'hésitons pas à déclarer que ce précepte religieux n'est pas toujours moralisateur, que par certains
côtés il nous conduit à la négation du libre arbitre,
qu'il entraîne de cruelles déceptions chez des âmes han-
tées par l'idée de l'au-delà, et qu'il peut devenir enfin
pour elles un facteur d'inertie, de découragement, de
désespoir. C'est un fait courant observé chez les psychasthéniques et chez certains mélancoliques, que les
âmes religieuses, sous le coup d'émotions déprimantes,
attribuent leurs malheurs à la malédiction divine, se
croient réprouvées pour « l'éternité ». Dieu tient dans
ses mains leur destinée. « A quoi bon me changer, faire
des efforts pour vaincre ma tristesse, puisque je suis
damné, et que Dieu le sait. » Tel est leur langage. Nous
voyons là une autre modalité des déviations morbides
du sentiment religieux,

En aucune façon donc, ne faisons sentir aux enfants qu'ils sont nés sous la mauvaise étoile, ou sous l'étoile du malheur. Les « apaches », ces réprouvés de la société, qui portent dans leurs tatouages la signature de leurs idées déterministes, le sceau de leur foi en la Fatalité héréditaire, restent toute leur vie des apaches. « C'est le Destin, pensent-ils, lorsqu'on est fils de criminel, on ne peut être qu'un criminel. »

Loin de le décourager par la notion d'impulsions ir- résistibles, nous devons réveiller les énergies de l'enfant par le sentiment de la vraie confiance en soi. De bonne heure, il faut qu'il « prenne conscience de sa person- nalité », entre en contact avec les réalités, rencontre sur sa route des obstacles et des entraves, qu'il devra s'ef- forcer de surmonter. Cette adaptation précoce à la vie normale lui donnera vite cette assurance qui rend la décision rapide. Les prédisposés à la psychasthénie béné- ficieront les premiers de ces méthodes ; ils s'habitueront ainsi à ne plus délibérer, pendant des heures entières, avant de prendre un parti. Cependant il est bon de ne pas tomber dans un excès contraire. La trop grande confiance de l'enfant en lui-même peut amener des dé- sastres. A la première désillusion, il sera arrêté dans sa marche vers le bien ; et lui qui était un ardent, plein de vie et d'énergie, deviendra un inerte, un abou- lique.

Enfin nous devons combattre la fâcheuse habitude prise dans certaines familles d'apprendre aux enfants à s'examiner, à s'observer. Comme le dit le professeur Dé- jerine, on les élève trop dans « du coton ». Et c'est souvent pour cela qu'ils deviennent plus tard de petits hypocondriaques, préoccupés sans cesse de leur santé:

peu à peu, ils aboutissent insensiblement à l'état neu-rasthénique.

L'éducation de l'enfant commence au sein de la fa-mille. Ce contact avec les parents a une influence pré-pondérante sur le développement du caractère de l'enfant. Et nous pouvons dire que lorsque les père et mère sont unis et capables de diriger leurs fils ou leurs filles, la famille est le milieu le plus favorable pour leur éduca-tion. Mais combien peu savent les élever! Beaucoup sont aveugles et ne savent pas deviner ce qui se passe dans le cœur de ces petits êtres. Des philosophes, des moralistes et des médecins, appuient surtout sur le rôle des mères qui, à leurs yeux, tiennent dans leurs mains l'avenir des enfants. Ernest Legouvé se réjouissait en pensant à la « sainte alliance des enfants et des mères. » Parlant des pères, il disait: « Notre bouche ne connaît pas ce langage à la fois simple, familier et persuasif qui semble naturellement couler des lèvres des mères, comme le lait coule de leur sein. »

Le professeur Grasset affirme aussi cette influence prépondérante des mères. « Bien des saints et bien des assassins, dit-il, doivent la plus grande part de leur des-tinée à leur mère. »

Si l'enfant peut trouver dans le milieu familial les éléments d'éducation suffisants, et assez puissants pour assurer la bonne direction de ses efforts tendus vers un idéal moral, il aura tout à gagner à ne point quitter trop vite ceux qui, au fond, sont ses meilleurs maîtres. Lorsque viendra l'époque des études, il ira au collège; mais, pour ne pas être sevré entièrement de l'éducation familiale, il sera soumis au régime de l'externat libre. Il en retirera de grands bénéfices pour la formation de son caractère comme pour la culture générale de son esprit. Jouissant d'une certaine liberté, et un peu maître de sa personne, il apprendra à cultiver le don de l'initiative. Et de plus, il ne perdra pas l'habitude de la société et du monde. Ce système d'éducation convient particulièrement à certains enfants sensibles, délicats et timides, portés naturellement à la tristesse, chez qui un casernement précoce dans un collège pourrait avoir les plus funestes effets. Beaucoup de nos lycées, de nos collèges, il faut bien le dire, par leur aspect de casernes ou de prisons, n'apportent pas toujours la gaieté sur le visage des élèves, de ceux surtout qui y sont cloîtrés par l'internat. Nous connaissons nombre d'âmes tendres et sensibles qui ont cruellement souffert, pendant leurs années d'internement dans ces sombres et mornes établissements. Rappelons-nous les impressions pénibles que rappelait à Renan, Lamartine, Sully-Prudhomme, Alphonse Daudet, Aicard, le souvenir de leurs années d'internat. Aussi, aujourd'hui, après avoir compris ce danger de la tristesse, tend-on de plus en plus à placer les lycées à la campagne, et à rendre ainsi la vie des internes plus agréable, plus attrayante.

Néanmoins, si les éducateurs modernes préconisent l'externat libre, il faut bien dire que ce ne peut être un procédé universel. Seules les familles aisées sont à même de recourir à cette heureuse combinaison: l'instruction dans la classe, et l'éducation au foyer. D'autre part, le danger des enfants gâtés est là. Mieux vaut soustraire complètement l'enfant au milieu familial, trop défavorable pour lui, lorsqu'on sait que cet enfant est appelé à devenir un volontaire, ou capricieux, au contact de parents trop faibles et trop indulgents. L'internat, malgré sa tristesse, est cent fois préférable : là, au moins, il y a une règle, une discipline, de la régularité, une unité de direction.

L'enfant, dès son entrée au collège, recevra, selon son âge, des principes d'hygiène adaptés à ses besoins physiques, intellectuels et moraux. Plus tard, lorsqu'il aura dépassé l'époque troublante de la puberté, et qu'il sera sur le point de quitter ses premiers maîtres, il faudra ne pas négliger son éducation sexuelle.

Si nous envisageons les exercices physiques auxquels s'adonnent aujourd'hui nos collégiens, nous voyons que nous ne sommes pas en retard. Les collégiens français ont pris à leurs émules d'outre-mer cet engouement pour les sports de toute nature. De nos jours, dans les cours des lycées et des collèges, c'est le grand sujet des conversations : on ne parle que de résultats de « matchs » que de courses pédestres, de football, de tennis. Et durant les longues heures des études, si ce n'était la complaisance et l'indulgence des surveillants qui font semblant de fermer les yeux, plus d'un élève pourrait être pris à parcourir avidement, derrière un diction-naire, les colonnes de journaux de sports, où sont décrits avec nombre détails les titres et qualités de tel recordman. — Il y a certainement beaucoup d'exagé-ration dans ce mouvement, qui semble se généraliser et se communiquer à toute la jeunesse des écoles. Beau-coup de ces fervents de « matchs » deviennent des orgueilleux, des infatués de leur valeur physique : ils ont leurs noms dans les journaux ; on s'empresse d'éta-ler leurs photographies dans les revues. Tout autour d'eux se forme un cercle d'admirateurs. Et nous ne voyons pas que leur développement intellectuel et

moral en soit favorablement influencé. Si les sports
font des athlètes, ils ne forment pas toujours des hommes. Au dire du D' Dubois, « les instincts grossiers
naissent plus facilement dans cette euphorie bestiale
que procure l'exercice physique ».

Certes la vie au grand air est nécessaire. L'enfant,
l'adolescent ont besoin d'exercices qui fortifient les mus-
cles, et tout en activant les fonctions organiques, com-
battent la mollesse et développent l'énergie. Mais ne
tombons pas dans l'excès. Les exercices physiques exa-
gérés peuvent conduire au surmenage musculaire. Et
aujourd'hui nous connaissons quelques cas de neurasthénie survenus chez des fervents de « matchs », à la
suite de violents efforts physiques : la préoccupation
inquiète où ils vivent dans l'attente d'une épreuve qu'ils
jugent très importante pour eux, le découragement qui
suit leur insuccès jouent vraisemblablement le rôle
essentiel, peut-être le rôle unique dans la genèse de ces
cas d'épuisement nerveux.

La grande faute de l'hygiène physique actuelle des
collèges consiste dans une adaptation mal comprise des
exercices du corps aux divers tempéraments des élèves.
On s'élève avec indignation contre les batailles des collégiens entre eux, on punit sévèrement chaque batail-
leur. Ne nous hâtons pas d'être aussi exclusifs. S'il est
des jeux de mains qu'il faut éviter, parce qu'ils sont la
manifestation de la méchanceté, quelquefois d'une
cruauté précoce, sachons que l'éducation du « coup de
poing » n'est pas toujours un mal. Elle développe la
hardiesse, le courage, chez certains esprits hésitants,
timides et craintifs. Il faut quelquefois pour eux des
exercices dangereux, où ils auront à déployer de

l'adresse, et qui les obligeront à « faire attention ». La satisfaction de la difficulté vaincue leur donnera confiance
en eux-mêmes et remontera leur niveau mental.

Les exercices corporels ne sont pas les seuls éléments
de l'hygiène physique. La nourriture des collégiens devra être réglementée, d'après nos principes de diététi-
que moderne. A l'exemple de nos médecins militaires
qui sont tenus à visiter les fournitures alimentaires des
soldats, les médecins de collèges ou de lycées feront bien
d'inspecter les cuisines, où l'on prépare la nourriture
des pensionnaires et demi-pensionnaires. La viande
sera restreinte ou même supprimée au repas du soir :
cette bonne habitude devra surtout être mise en pratique pour les enfants neuro-arthritiques prédisposés au
nervosisme. Enfin nous devons signaler le danger de
l'observation du silence pendant les repas. Dans beaucoup
de collèges religieux, les élèves sont tenus à ne point parler, et à écouter la lecture spirituelle. Pendant ce temps,
ils bâclent leur repas, sans tirer aucun profit moral ou
intellectuel des pieux livres qui leur sont lus, et qu'ils
écoutent d'une oreille très distraite.

L'éducation de l'intelligence comporte aussi des règles que les médecins, les premiers, ont bien su mettre en valeur. On avait exagéré, il y a quelques années,
l'importance du surmenage cérébral, comme cause de
neurasthénie chez certains adolescents. La plupart des
neurologues qui ont étudié avec quelque soin la
neurasthénie chez les écoliers des lycées et des collèges
se sont rangés à cette conclusion « que la plupart des
troubles du système nerveux observés chez les enfants,
chez les écoliers de tout âge et que l'on a voulu mettre sur le compte du surmenage cérébral, sont bien

plus l'effet des conditions d'hygiène défectueuses dans lesquelles vivent les élèves soumis à la règle néfaste des internats : la trop longue durée des études et des classes et partant la sédentarité exagérée, le séjour prolongé dans une atmosphère viciée qui va s'altérant de plus en plus avec la durée de travail, les pratiques de l'onanisme, le défaut d'exercice physique, l'insuffisance des heures de sommeil ».

Beaucoup de nerveux, prédisposés à la neurasthénie ou à la psychasthénie, ont une intelligence assez développée. Mais souvent, les maîtres ne savent point la diriger. On leur apprend « beaucoup de choses » mais ils les connaissent d'une manière superficielle. Dans le monde, ils passent pour des cerveaux brillants. Ce qui leur manque, c'est un jugement sain, et un esprit développé surtout en profondeur. Aussi, aujourd'hui un nouveau mouvement s'est produit dans l'enseignement. On cherche de plus en plus à parler aux yeux de l'enfant, à lui donner des « *leçons de choses* ». On évite les leçons abstraites qui font appel uniquement à sa mémoire.

Une éducation morale sagement conduite est aussi indispensable qu'une bonne hygiène intellectuelle, à l'enfant issu de souche névropathique, à celui surtout dont l'émotivité est excessive. Pour diriger ses efforts vers cet idéal moral que nous lui inspirons, divers moyens doivent être mis en œuvre. Il faut éduquer sa volonté et fortifier ainsi les centres cérébraux modérateurs des effets réflexes ; il faut éviter tout ce qui peut favoriser le développement de cette émotivité. La lecture de romans trop idéalistes ou trop pessimistes crée chez eux des états émotionnels dangereux pour leur imagination toujours en éveil. « Le roman et le théâtre, a dit Grasset, ont certainement à leur passif plus de maladies que le microbe du choléra ou de la fièvre typhoïde. Que de névroses créées, je ne dis pas par Zola, dont les dangers sont autres, mais par Antony, par Werther (surtout quand Gœthe et Massenet se coalisent pour nous perdre), par l'*Arlésienne* ou *Sapho* de Daudet! Heureux quand les auteurs eux-mêmes ne sont pas les premières victimes de la névrose; ils sèment autour d'eux, comme le pauvre Guy de Maupassant, que j'entends encore me dépeignant les hallucinations troublantes qu'il a décrites dans le *Horla*. »

Combien de jeunes filles, à l'esprit faussé par la lecture de certains romans idéalistes, où la vie n'est qu'un bonheur continu et sans fin, sont désillusionnées, troublées et désenchantées, au contact des réalités décevantes de l'existence! L'exemple de M⁰ᵉ Bovary est encore plein de vérité, de nos jours. Qui n'a entendu parler de ces jeunes filles qui plaçaient tout leur idéal dans des jours de bonheur, dans des rêveries sentimentales avec l'époux rêvé, et une fois mariées, tombaient dans une sorte de tristesse, de mélancolie, en se heurtant aux duretés de la vie pratique qui n'a plus rien de poétique!

Enfin il est une dernière éducation à donner à l'enfant, ou plutôt à l'adolescent, c'est celle de l'hygiène sexuelle : question délicate et embarrassante, mais que n'ont pas craint d'aborder plusieurs de nos maîtres actuels, en s'appuyant de la haute compétence de professeurs de philosophie et de directeurs de collège.

Nous n'envisagerons pas le problème sous le même jour, et comme l'ont vu les hygiénistes. Ceux-ci considéraient la santé physique du jeune homme. Son ignorance en pareille matière, disaient-ils, devenait un danger redoutable : non averti, il était sous le coup de contaminations funestes qui auraient une répercussion sur tout son organisme.

Les neurologistes et les psychiâtres ont vu surtout les phénomènes émotifs et psychiques, les préoccupations anxieuses d'ordre génital, que pouvait entraîner, chez certains individus prédisposés, une éducation sexuelle mal comprise.

Souvent ces questions sont exposées dans des livres de vulgarisation scientifique mis à la portée de toutes les intelligences. Leur lecture est particulièrement dangereuse. Elles faussent les esprits. Ou bien c'est un mysticisme exagéré qu'il faut incriminer : on enseigne aux adolescents la vertu de chasteté, parce que l'acte qui nous a donné le jour est considéré comme bas, comme honteux même ; on parle « du joug terrible de l'animalité » ; on n'élève pas les esprits dans cette idée que la chasteté doit être une vertu rationnelle, inspirée par des vues hautes, par le sentiment du respect de la personnalité humaine. A ce propos, nous ne pouvons mieux faire que de reproduire ici une page du dernier livre du professeur Déjerine, sur les psychonévroses. Elle nous montre l'importance de l'éducation sur le développement de certains phénomènes neurasthéniques, occasionnés par des troubles de la fonction génitale. « Le fait de symboliser en quelque sorte les actes sexuels, de les subordonner à des conditions morales ou religieuses, a comme conséquence que, dans la consommation des actes génitaux, le psychisme vient prendre une place exubérante, susceptible d'en modifier singulièrement les manifestations physiques. Il ne faut pas oublier que l'acte génital est le plus instinctif des phénomènes de la vie organique et que toutes les manifestations psychiques qui s'y ajoutent sont supplémentaires, inutiles et dangereuses. Or, il est bien certain qu'en ce qui concerne la femme, son éducation sur tout ce qui concerne la génitalité est essentiellement anti-instinctive. On s'applique à cultiver chez elle le sentiment de la pudeur, à lui faire considérer les manifestations génitales comme quelque chose de mystérieux, nous dirions volontiers de honteux. Souvent la jeune fille, au moment même de son mariage, est complètement ignorante de ce que sont les relations sexuelles. Elle en est effrayée et l'éducation qu'on lui a donnée est souvent de nature à déclancher, à propos de ces relations, toute une série de phénomènes émotifs et psychiques qui sont singulièrement susceptibles de la troubler.

« Non pas certes, que nous pensions qu'il faille laisser libre cours aux tendances instinctives, non pas que nous estimions anormales toutes les restrictions que les considérations morales ou sociales apportent aux instincts. Bien au contraire, mais nous pensons qu'il n'y a pas phénomène moral là où il y a ignorance, inquiétude, émotion. Il n'y a de moralité que consciente. Et si nous sommes persuadé que toutes les méthodes d'éducation qui peuvent troubler l'esprit de la jeune fille sont mauvaises, si nous savons que chez certains sujets l'ignorance constitue encore la meilleure prophylaxie, nous n'en sommes pas moins convaincu que bien des localisations génitales ayant gâché la vie de plus d'une femme auraient pu être évitées par une éducation rationnelle. Le but d'une saine éducation n'est-il pas d'harmoniser les tendances instinctives des individus avec les règles de la saine morale ? Et les méthodes d'éducation qui consistent à annihiler, en quelque sorte, un instinct, à le considérer comme inexistant, à faire penser que toutes ses manifestations sont immorales, nous ont paru entrer fréquemment comme facteurs des obsessions génitales que nous avons pu constater chez certaines femmes. Tout cela, en somme, est question de tact, de moment, de mesure. Et il est bien certain que les éducations dites « intégrales » sont à ce point de vue particulier, autant, sinon plus dangereuses. Si certaines éducations qui tendent à méconnaître un instinct qui, dans la vie, doit pouvoir s'exercer normalement, sont malsaines, bien plus à craindre encore peuvent être ces éducations qui l'exaltent et le pervertissent. Une répugnance excessive ou un goût trop marqué sont, à des pôles opposés, au point de vue qui nous occupe, de la même importance néfaste. »

A qui donc confier cette tâche délicate de l'éducation sexuelle des écoliers ? Il semble bien que ce rôle revient de droit au médecin. C'est lui plus que tout autre, qui peut dire ce que les parents n'osent pas dévoiler, ce que les prêtres croient devoir taire. Comme on l'a dit, « l'enfant sait qu'il peut s'adresser à lui avec plus de confiance ; il voit en lui le confesseur des secrets et des misères physiques, et partant de là, il y aura beaucoup moins de gêne dans la conversation ».

# CHAPITRE IV

## L'éducation du sentiment religieux

SON IMPORTANCE DANS LE MONDE D'APRÈS LES OPINIONS D'HOM-
MES CÉLÈBRES. VALEUR MORALE DE CETTE ÉDUCATION CHEZ
LES CRIMINELS, LES NERVEUX ET LES PSYCHASTHÉNIQUES.
DANGERS D'UNE ÉDUCATION RELIGIEUSE MAL DIRIGÉE CHEZ LES
PSYCHASTHÉNIQUES. NÉCESSITÉ D'UNE RELIGION MIEUX ADAPTÉE
A LEUR TEMPÉRAMENT.

L'idée religieuse a été reléguée chez nous par nos
politiciens comme inexacte, inutile et dangereuse. La
laïcisation de l'école n'a pas cependant éteint les convictions des croyants, et même celles de beaucoup de
libres penseurs, partisans militants de l'influence moralisatrice du sentiment religieux sur le développement
de l'âme enfantine. L'irréligion scientifique de nos politiciens n'était qu'une arme politique utilisée au service
de leur cause; elle n'était pas assez puissante pour détruire d'un seul coup les expériences amassées de dix-
neuf siècles réunis.

C'est une opinion vieille comme le monde qu'il faut
une religion pour le peuple. « L'ignorance du vrai Dieu
est pour un État la pire des calamités », disait Platon. Aristote affirmait aussi cette nécessité : « Il est plus
difficile, disait-il, de créer une société sans croyance,

que d'édifier une cité dans les airs. » De même Cicéron,
lorsqu'il proclamait : « Il n'est pas de peuple assez bar-
bare pour croire possible de se passer de l'idée de la
Divinité. » Voltaire, lui-même qu'on ne peut taxer de
cléricalisme, parlait de l'action divine dans le monde :

> « C'est le sacré lien de la société,
> « Le premier fondement de la sainte équité. »

Autre part, il s'écriait : « Un peuple athée serait une
horde de brigands. » « Sans Dieu, pas de vraie probité »,
affirmait aussi Rousseau ! « En dehors des notions religieuses, point d'éducation morale possible », répète
de son côté M. Jouffroy. « L'instruction populaire doit
être religieuse, c'est-à-dire chrétienne », déclare M. Cou-
sin. « Pour être utile, l'instruction primaire doit être
profondément religieuse », conclut aussi M. Guizot. « Si
l'instituteur n'est pas l'auxiliaire du prêtre, la morale
de l'école est en danger. »

Bonaparte s'était écrié autrefois : « L'homme sans
Dieu, ah ! je l'ai vu à l'œuvre en 93. De cet homme-là,
j'en ai assez ! Pour former l'homme, il faut mettre Dieu
avec soi. Nulle société ne peut exister sans morale, et
la morale implique des croyances. » Ceux-là qui se constituent les apôtres de l'incrédulité méritent bien qu'on
leur applique le mot de Platon : « Quiconque attaque
les croyances n'aime pas son pays, car l'athéisme est
la ruine même de l'État. »

Victor Hugo, enfin, ne craignait pas d'affirmer cette
vérité : « Ce qui allège la souffrance, ce qui sanctifie le
travail, ce qui fait l'homme bon, fort, sage, bienveillant,
digne de la liberté, c'est d'avoir devant soi la perpé-

tuelle vision d'un monde meilleur, rayonnant à travers les ténèbres de cette vie. Quant à moi, j'y crois profondément à ce monde meilleur et je déclare ici, c'est la suprême joie de mon âme, comme c'est la première certitude de ma raison. Je veux donc sincèrement, je dis plus, je veux ardemment l'enseignement religieux. »

De telles assertions d'hommes aussi éminents, qui, pour la plupart, avaient l'expérience des hommes et connaissaient bien le cœur humain, montrent quelle importance ils attachaient à l'idée religieuse dans la formation de l'individu.

Les magistrats, les premiers, n'ont pas été émerveillés des résultats de la laïcisation de l'école. Ils se sont émus, à voir l'armée des criminels tous les jours grandissante. Le spectacle d'enfants toujours plus nombreux qui se suicidaient, ou tuaient les leurs, les a poussés à la réflexion. Ils ont cherché des remèdes à ce mal, et ont dû reconnaître une fois de plus la sagesse des philosophes de la Grèce antique. Dès lors, pour reconstruire un plan d'éducation, ils ont fait appel aux anciens principes universels. Un conseiller à la Cour de Paris proclamait, il y a quelques années: « Il ne suffit pas d'instruire l'enfant, et de développer son intelligence, pour le rendre raisonnable ; il peut être instruit, intelligent, et avoir de graves défauts, un caractère insupportable et des mauvais sentiments. Pour la formation du caractère, le redressement de ses défauts et le développement de ses bons sentiments, les croyances spiritualistes sont d'un plus grand secours que toute autre doctrine. Elles le préservent mieux du suicide, si j'en juge par les écrits des enfants, qui avant de se donner la mort déclarent qu'ils ne croient plus à

rien, ni à Dieu, ni à l'âme, ni à la vie future. Ce scepticisme précoce ne peut produire qu'une perversité précoce ou une désespérance précoce. Les enfants qui ne
croient plus à rien, ne sont pas arrêtés par cette pensée que Dieu défend le suicide, ils cèdent plus facilement à la tentation de mourir, lorsqu'ils sont malheureux. Les priver de cette croyance en Dieu, à la vie
future et à la responsabilité d'outre-tombe, ce n'est pas
seulement accroître les difficultés déjà si grandes de
l'éducation, c'est diminuer les moyens de les préserver
du suicide. »

Nos prétoires ne furent pas les seuls juges des méfaits
de l'athéisme. Le cri d'alarme, poussé par nos hommes
de loi, se répercuta jusque dans les salles de nos asiles
d'aliénés, de nos hospices de nerveux. Les médecins,
pensant aux malades, trouvèrent qu'il est dangereux
de traverser la vie sans religion ou sans philosophie.
Beaucoup de névropathes, disait-on, tiennent leur névropathie, de leur absence de croyances religieuses.
Sans prendre parti pour une religion ou pour une
autre, plus pour le catholicisme que pour le protestan-
tisme, les maîtres de la neurologie et de la psychiatrie
indiquaient que souvent l'enfant a besoin qu'on lui
inculque des principes religieux, pour se conduire plus
tard dans la vie en homme raisonnable.

Beaucoup, parmi ces maîtres, étaient des matérialistes : et il pouvait paraître étrange, aux yeux du public,
que des athées réclament pour les enfants la notion
d'un Dieu créateur et juge de leurs actions. Mais ces
matérialistes étaient gens d'expérience, rompus aux
analyses psychologiques, qui connaissaient les besoins
de chaque âge. Incrédules convaincus, ils savaient que

tous les hommes ne peuvent pas être comme eux, et qu'il n'est pas toujours sans dangers que le matérialisme pénètre dans les consciences de l'enfant ou de l'adolescent. L'individu, à cet âge de son évolution, n'a pas acquis encore assez de force d'âme pour pouvoir marcher à la vertu sans autre soutien que la vertu : les secours surhumains lui sont aussi indispensables que les secours humains pour soutenir la lutte contre les mauvais penchants et s'affermir dans les bons. Nos maîtres pensaient que ces enfants, devenus des hommes, fermeraient bientôt leurs yeux à toute croyance religieuse, à toute notion d'une révélation divine. Malgré eux, par le progrès ou par la décadence de l'âge, ils verraient échapper comme leur jeunesse elle-même, la foi naïve de leurs premières années. Leur doute ne serait pas un vil calcul, un lâche renoncement à des pratiques incommodes mais la protestation de leur raison qui ne peut plus désormais accepter que ce qu'elle comprend. Ils seraient des incrédules, mais non pas des incroyants, puisque tout en niant Dieu, ils auraient foi dans le Bien et la Vertu : ils se dévoueraient sans réserve à leurs semblables et à leur pays, en pratiquant le bien uniquement pour le bien.

Mais cette transformation de l'individu ne se fait pas toujours dans ce sens. Les enfants élevés dans le catholicisme ou dans une religion quelconque ne deviennent pas forcément plus tard des athées, des matérialistes. Beaucoup conservent intactes leurs croyances, et même parmi eux il en est dont la Foi s'épure, avec l'expérience des années. Le contact des réalités a raffermi leur raison, mais a contribué puissamment à l'élévation de leur pensée. Leurs vertus ont perdu peu à peu leur caractère plus ou moins usurier ; à la préoccupation de l'indemnité promise dans l'au-delà, ils ont substitué le joie intime de l'hommage rendu à Dieu, à l'Être suprême, qui personnifie la justice et la bonté. Certes nous ne contestons pas qu'elles sont rares, ces âmes éprises de Dieu et de tous les attributs divins que les spiritualistes lui reconnaissent. Il n'est pas à la portée de tous de pouvoir dire en toute sincérité : « Je fais le Bien, pour faire plaisir à Dieu qui est l'Être bon par excellence! » De même ce n'est qu'à une élite de la société qu'il est réservé de se dévouer, de se sacrifier, de souffrir, de vivre et mourir pour la Bonté, la Justice, la Vérité, c'est-à-dire pour des non-êtres, pour des non-choses, insensibles, aveugles, inertes. Les matérialistes et les spiritualistes peuvent quelquefois se donner la main : ils ont souvent les mêmes aspirations mystiques!

D'autres âmes élevées au sein de l'Église, quittant les bancs du collège, se détournent de la parole du Christ. Elles ont cessé de croire « par orgueil, par corruption du cœur, pour échapper au joug salutaire que la croyance impose, pour imposer silence à leur conscience, pour innocenter leurs fautes. » Leurs convictions trop faibles se sont effondrées, sous la poussée grandissante d'appétits nouveaux, et leur incrédulité les a conduites sur la pente du vice.

D'autres croyants enfin deviennent des faux dévots : chaque jour nous voyons la haine, l'avarice, l'orgueil s'allier dans les mêmes êtres aux plus sévères pratiques religieuses ; il y a des dévots menteurs, des dévots méchants, des dévots iniques. On voit des dévotes, non seulement ne rien perdre de leurs défauts par leur dévotion, mais tirer de cette dévotion même un vice de plus : l'orgueil.

Ainsi donc, l'éducation religieuse ne met pas à l'abri de toutes les imperfections de la personnalité humaine. Mais quel système pédagogique pourrait se flatter d'avoir assuré la défaite définitive et irrévocable de nos instincts naturels ? Les philosophes et les hommes de science nous disent seulement que de tous les systèmes c'est encore celui-là qui peut donner les meilleurs résultats pour assurer à l'individu la plus ferme résistance aux soucis, aux chocs émotionnels. Et voilà pourquoi la question prend une importance capitale, lorsqu'il s'agit de prophylaxie des états neurasthéniques et psychasthéniques.

Nos maîtres neurologistes réclament pour ces prédisposés aux psychonévroses une religion qui crée chez eux un idéal, une philosophie de vie. Sans doute, l'utilitarisme de telle doctrine spiritualiste sera l'élément inconscient qui réglera leur direction morale : ils supporteront avec résignation la souffrance, parce qu'elle est un mérite aux yeux de Dieu ; ils se consoleront parce qu'ils auront l'idée d'une récompense dans l'autre monde. Qu'importe si ces principes directeurs manquent d'élévation et de grandeur d'âme? Ils donnent à ces sujets l'espérance, et ne les conduisent pas au désespoir.

Bien des familles ne veulent pas entendre parler d'éducation religieuse pour leurs enfants. C'est aux parents, n'est-il pas vrai, que revient en première ligne le droit de diriger à leur guise les consciences de leur descendance, et nul pédagogue assez autoritaire, assez orgueilleux de sa science, n'aurait l'idée de contrecarrer ce droit. Mais serait-ce enfreindre les lois de liberté, les principes de tolérance, que de dire : « Vos enfants doivent avoir un idéal moral. Leurs aspirations doivent s'élever haut. Il faut qu'ils se dégagent de ce lâche

égoïsme qui les porte à l'observation continuelle d'eux-
mêmes ; il faut que, de bonne heure, ils agrandissent le
cercle de leurs préoccupations, et l'étendent à un certain nombre de leurs semblables. Cultivez leur personnalité affective. Prenez la voie détournée du cœur pour
arriver jusqu'à leur entendement. » De même, serait-ce
faire une insulte aux esprits qui réclament l'éducation
religieuse, en les prévenant ainsi : « Les convictions
religieuses de vos enfants ne seront efficaces, que si elles
sont sincères et vécues, que si elles réussissent à créer
pour plus tard une philosophie de vie. Veillez à ce que
leur catéchisme devienne un vrai livre de morale, où
ils pourront trouver les principes directeurs, qui leur
apprendront à se conduire honnêtement et dignement
dans la pratique des affaires. »

Les médecins, surtout les neurologistes et les aliénistes, peuvent aujourd'hui parler ce langage. Leur autorité
privilégiée leur permet d'aborder ces graves questions,
sans qu'ils soient mal jugés par les familles.

Après avoir discuté l'influence d'un idéal philosophique et de la foi religieuse, comme les meilleurs préser-
vatifs contre les maladies de l'âme et les plus puissants
moyens pour les guérir, si nous reportons nos regards
non plus vers les neurasthéniques, mais vers les psychasthéniques, un nouveau problème se pose, et dont la
solution réclame de nos intelligences une sage clairvoyance. « Pourquoi les psychasthéniques, qui pour la
plupart, à en juger par les observations des malades,
ont été élevés dans des milieux religieux, ont eu des
scrupules religieux, à l'époque de leur première communion, pourquoi sont-ils devenus plus tard de grands
obsédés anxieux ? » Le public, ennemi des raisonne-

ments subtils, établira vite les rapports de causalité de
la maladie et ne manquera pas de répondre : « C'est
qu'ils ont trouvé le germe de leurs phénomènes morbides dans les principes religieux qui leur ont été inculqués. » Autrement dit, la religion leur a tourné la tête, la
religion les a rendus « *fous* ». Pareille déduction simpliste
nous éloigne bien des hautes conceptions que nous for-
mulions il y a un instant sur l'influence moralisatrice
d'un idéal religieux qui rendrait l'homme « invulnéra-
ble, ne craignant ni la maladie, ni la mort, restant debout
au milieu de la souffrance, inaccessible aux émotions
pusillanimes des névrosés ! »

Sans faire attendre plus longtemps notre réponse,
nous pouvons dire dès maintenant : « Oui, les âmes
religieuses peuvent sombrer dans l'obsession et l'angoisse, mais la religion ne crée pas la maladie. L'hérédité, force autrement puissante, a tissé les fibres par
lesquelles tout être vivant et pensant tient à la vie.
Elle a préparé sa constitution mentale maladive qui devait plus tard l'orienter vers le scrupule. Une forte et
sage éducation religieuse l'en eût préservé. Mais les
éducateurs, peu prévoyants, peu psychologues, imbus
de l'invulnérabilité de leurs doctrines, les ont ensei-
gnées sous une forme trop générale, sans les adapter
aux mentalités faussées ; celles-ci, mal conduites, ont dé-
vié. La faute n'en est pas aux doctrines, mais aux éducateurs. »

En pensant aux dangers de l'éducation religieuse
ncomplète et incomprise, il nous revient à la mémoire
le souvenir de l'héroïne du roman de Flaubert, de cette
œuvre d'une si profonde psychologie, qu'elle place son
auteur au rang d'un moraliste puissant, d'un pédagogue

éminent. Flaubert était un grand observateur : peut-
être tenait-il cette qualité de son père, chirurgien dis-
tingué, dont « le regard, plus tranchant que les bistou-
ris, vous descendait droit dans l'âme ».

*Madame Bovary* est l'histoire d'une éducation ; c'est
l'exposé d'une vie déplorable dont l'éducation est la
préface. Gustave Flaubert a voulu peindre une éducation donnée à une femme au-dessus de la condition dans
laquelle elle est née. Il nous fournit dans l'histoire de
cette femme la plus dramatique démonstration des dangers d'une éducation religieuse mal appropriée à un
tempérament. Flaubert nous représente son héroïne
comme une grande sentimentale, d'une nature très pas-
sionnée. Fille de cultivateur, «elle fut élevée au couvent,
chez les Ursulines, où elle reçut, comme on dit, une *belle
éducation* : elle savait en conséquence la danse, la géo-
graphie, le dessin, faire de la tapisserie et toucher du
piano... Elle jouait fort peu durant les récréations, comprenait bien le catéchisme, et c'est elle qui répondait
toujours à M. le vicaire dans les questions difficiles.
Vivant donc sans jamais sortir de la tiède atmosphère
des classes et parmi ces femmes au teint blanc portant
des chapelets à croix de cuivre, elle s'assoupit douce-
ment à la langueur mystique qui s'exhale des parfums
de l'autel, de la fraîcheur des bénitiers et du rayonne-
ment des cierges. Au lieu de suivre la messe, elle regar-
dait dans son livre les vignettes pieuses bordées d'azur,
et elle aimait la brebis malade, le sacré cœur percé de
flèches aiguës, ou le pauvre Jésus qui tombe en mar-
chant sous la croix. Elle essaya, par mortification, de
rester tout un jour sans manger. Elle cherchait dans sa
tête quelque vœu à accomplir. Quand elle allait à con-

fesse, elle inventait de petits péchés, afin de rester là
plus longtemps, à genoux dans l'ombre, les mains join-
tes, le visage à la grille sous le chuchotement du prêtre.
Les comparaisons de fiancé, d'époux, d'amant céleste
et de mariage éternel qui reviennent dans les sermons
lui soulevaient au fond de l'âme des douceurs inatten-
dues... Les bonnes religieuses, qui avaient si bien pré-
sumé de sa vocation, s'aperçurent avec de grands éton-
nements que M<sup>lle</sup> Rouault semblait échapper à leur soin.
Elles lui avaient, en effet, tant prodigué les offices, les
retraites, les neuvaines et les sermons, si bien prêché
le respect que l'on doit aux saints et aux martyrs, et
donné tant de bons conseils pour la modestie du corps
et le salut de son âme, qu'elle fit comme les chevaux que
l'on tire par la bride : elle s'arrêta court et le mors lui
sortit des dents. Cet esprit positif au milieu de ses en-
thousiasmes, qui avait aimé l'église pour ses fleurs, la
musique pour les paroles des romances et la littérature
pour ses excitations passionnelles, s'insurgeait devant
les mystères de la foi, de même qu'elle s'irritait davantage contre la discipline, qui était quelque chose d'an-
tipathique à sa constitution. »

Nous avons tenu à reproduire cette page du roman.
La peinture réaliste de ce tempérament féminin aussi
bien observé doit nous susciter plus d'une sage réflexion,
qui ne sera pas sans rapports avec les questions que
nous envisageons.

On connaît la fin terrible de M<sup>me</sup> Bovary. Elle y
arrive insensiblement par le vice et la dégradation. Son
empoisonnement n'est que le fruit d'un tempérament
congénitalement défectueux, qui aurait pu être trans-
formé par une éducation mieux appropriée. Sans doute

les circonstances fortuites de la vie sont venues donner
leur appoint d'aggravation à un mal qui ne faisait que
sommeiller. Mais ce qui péchait, c'était la base de toute
formation d'un caractère. Sans son éducation, Emma
Bovary aurait pu être une honnête femme. Les pratiques
religieuses n'avaient pas réussi à créer chez elle un idéal
religieux. A qui la faute ?

Hélas ! on ne peut demander, à de saintes filles en-
trées dans les ordres, comme elles-mêmes sortaient du
couvent, sans avoir pris contact avec les réalités du
monde, toutes pénétrées de l'importance de leur vie
routinière, partagées entre les récitations du chapelet,
les stations à la chapelle, et l'instruction du catéchisme,
on ne peut leur demander le temps de scruter les consciences et surtout le pouvoir de les éclairer. L'art des
analyses psychologiques, qui doit précéder toute œuvre d'éducation morale, ne rentre pas dans les attributions de ces dignes servantes du Seigneur.

Mais croit-on que s'il se fût trouvé dans ce couvent
des Ursulines quelque aumônier, rompu aux duretés
de la vie, à l'esprit ferme et perspicace, au sens critique bien développé, il n'eût point deviné que, chez
cette jeune fille, si pleine de curiosité, d'ardeur et de
tendresse, ces mortifications, ces vœux n'étaient que
l'expansion d'un tempérament mal ordonné qu'il fallait surveiller ? Croit-on qu'il n'eût point vu dans ces
retraites, ces neuvaines et ces sermons un sérieux
écueil, qui ne devait pas faciliter la bonne direction
morale de cette jeune fille ? N'eût-il pas alors orienté
cette âme vers un idéal religieux plus pratique, vers
une religion plus sévère, qui devait la soutenir dans les
orages de la vie ? N'eût-il pas détourné sa folle imagi-

nation de ces petites dévotions de tendresse, d'amour mystique, de cette piété mesquine, qui trompent les jeunes filles et sensualisent la religion? Ne lui eût-il pas enseigné enfin que la vie n'est pas la réalisation de rêves chimériques, que c'est quelque chose de prosaïque dont il faut s'accommoder ? Et alors, pouvons-nous penser que Mme Bovary, sur le point de faillir, aux heures où soufflait le désir, ne se serait pas souvenue de cet enseignement religieux, et n'aurait pas été arrêtée dans sa marche vers la honte, la dégradation ?

L'étude attentive de nos psychasthéniques nous inspire des réflexions analogues. N'est-ce pas aussi un spectacle douloureux et vraiment pénible que celui de cet obsédé pris par l'angoisse, qui rumine, pendant des journées entières, sur une faute de sa vie passée, qui se tourmente, nuit et jour, à l'idée qu'il s'est glissé un fragment d'hostie dans une dent creuse ? Déjà, à l'époque de sa première communion, pendant la retraite qui en est la préparation, n'avait-il pas des scrupules religieux ? Ne se confessait-il pas plusieurs fois par jour ? Son directeur de conscience, s'il eût été un psychologue, s'il eût été versé dans les questions de neurologie, eût peut-être vu là le premier indice d'une constitution mentale malformée. Peut-être alors eût-il constitué pour cet enfant un nouveau programme d'éducation, qui aurait présenté quelques divergences avec les règles générales appliquées aux autres élèves. Peut-être enfin (ne nous est-il pas permis de le supposer ?) eût-il assuré à ce scrupuleux, par une religion sagement appropriée à son caractère, un avenir moins sombre, une existence moins troublée.

Selon la logique même, nous sommes donc amenés à

déclarer que le directeur de conscience et le médecin
devront s'entr'aider, dans cette œuvre d'éducation religieuse du psychasthénique. Ils établiront pour lui un
régime de vie morale mieux adapté à son tempérament
morbide. Comprenant les dangers de l'introspection,
ils interdiront les longues méditations qui risquent de
favoriser chez lui la rumination mentale. Ils régleront
ainsi toute sa vie religieuse, en l'organisant, de façon
à prévenir toute manifestation maladive. A cette seule
condition, le sentiment religieux deviendra pour le psychasthénique une émotion légitime, une force, et non
un facteur d'aboulie ou de désespoir.

# CONCLUSIONS

*Le sentiment religieux est une émotion normale qui peut devenir pathologique, si ses concomitants physiologiques se présentent avec une intensité extraordinaire, s'ils se prolongent outre mesure et s'ils entraînent chez l'individu des réactions non adéquates au maintien de sa vie intellectuelle et affectives normales.*

*Tous les phénomènes pathologiques attribués aux déviations morbides du sentiment religieux sont sous la dépendance de deux facteurs principaux :*

*Une constitution mentale primitivement désorganisée par l'hérédité morbide ;*

*Une éducation morale et religieuse non adaptée aux impondérations du psychisme de l'individu désharmonique.*

*Le psychasthénique possède par nature une débilité psychologique générale. Et bien souvent, ses parents, ses maîtres, ses éducateurs n'ont pas su approprier à son tempérament une hygiène physique et morale sagement conçue.*

*Chez les psychasthéniques, les idées religieuses prennent, dès leur enfance, une importance prépondérante. Le mysticisme peut contribuer à exagérer l'incomplétude*

morale, la perte de la fonction du réel, qui sont les caractères essentiels de la grande insuffisance du psychasthénique.

Beaucoup d'obsédés sont des scrupuleux. Leurs obsessions portent sur des idées de culpabilité, de damnation,
de persécution, sur des remords de fautes religieuses,
des remords de vocation, sur des idées érotiques, des
impulsions au blasphème.

Par la nature et le contenu de ses idées obsédantes,
le psychasthénique scrupuleux a beaucoup de ressemblances avec le mélancolique et le persécuté systématisé.
Par sa réaction émotive qui est manifestement triste et
douloureuse, mais non passive, il se rapproche surtout du
mélancolique anxieux.

La maladie du scrupule n'est pas une maladie spéciale, c'est un syndrome clinique qui appartient à une
psychopathie plus générale constituant « la maladie du
doute ». Aussi, les scrupuleux sont-ils, avant tout, des
grands douteurs.

Dans l'intervalle de leurs crises d'agitation forcée, de
leurs paroxysmes, les psychasthéniques reviennent bien
rarement à un état normal. Ils n'ont plus leurs accès
d'angoisse et d'anxiété, mais ils conservent leur tempérament scrupuleux. Souvent, avec l'âge, tous les phénomènes morbides disparaissent, mais quelquefois ces obsédés versent dans la paranoïa ou la mélancolie.

Si certains phénomènes secondaires, observés chez les
psychasthéniques relèvent de thérapeutiques variées,
l'obsession considérée comme déviation mentale primitive
ne reconnaît qu'un seul traitement pathogénique et rationnel, à savoir : la psychothérapie.

Mais la psychothérapie appliquée à la direction morale

du psychasthénique s'éloigne beaucoup de la psychothérapie par persuasion qui s'adresse au neurasthénique. Cette direction morale de l'obsédé s'appuie sur le principe de l'absolutisme autoritaire. L'action psychothérapique, ici, doit être une action d'autorité, présentant beaucoup d'analogies avec les méthodes de suggestion à l'état de veille employées chez les enfants. Les longs examens de conscience les discussions philosophiques trop subtiles fatiguent le scrupuleux et exagèrent ses ruminations mentales.

Aussi, avec lui, pas de dialectique savante, pas d'explications sur le pourquoi et le comment de ses manifestations. Mais des affirmations, des commandements nets, clairs et précis qui ne laissent pas supposer l'ombre d'une hésitation de la part de celui qui ordonne.

Il faut au scrupuleux un directeur de conscience : laïc ou religieux, peu importe. Mais qu'il soit pour lui un ami clairvoyant, un confident, plein de bienveillance, de bonté, de patience, d'adresse, en qui le malade trouvera le plus sûr et le plus ferme soutien moral.

Aujourd'hui les visées de la science ne s'appliquent plus seulement à la guérison des maladies. Nos médecins voient plus haut : ils cherchent à les prévenir.

La médecine de l'esprit a fait entrer dans nos mœurs une science nouvelle qui est la prophylaxie de l'émotivité morbide, des désharmonies psychiques, du déséquilibre mental. Ses principes ont pour but de combattre l'hérédité : les heureuses sélections de races, de tempéraments, de caractères, atténueront l'aggravation de la dégénérescence et l'enrayeront dans sa marche progressive. On évitera la consanguinité, on empêchera les alliances désastreuses des psychasthéniques entre eux.

*Enfin, l'intervention prophylactique du médecin s'appliquera à réaliser une force nouvelle qui sera contenue tout entière dans la science de l'éducation de l'individu, basée désormais sur la physiologie, sur la psychologie expérimentale, sur la neurologie. Le médecin deviendra le collaborateur des parents et des maîtres. Connaissant la psychologie des sentiments et des passions, des émotions et de la volonté, il saura soigner le moral comme le physique. Les jaloux, les paresseux, les indociles, les coléreux, les timides, les susceptibles, les sentimentaux, les scrupuleux viendront à lui, dès que ces défectuosités mentales s'affirmeront. Il leur donnera des règles d'hygiène morale et physique et saura approprier ses méthodes psychothérapiques à leur tempérament.*

*Quelquefois les familles ne lui en voudront point qu'il rehausse son rôle, et s'élève au rang d'un philosophe moraliste.*

*En apprenant aux consciences le but de la vie, il leur assurera pour l'avenir des garanties qui les mettront à l'abri des traumatismes de l'existence. Il appuiera sur la nécessité d'un idéal moral : peu importe que cet idéal ait pour bases des conceptions spiritualistes ou matérialistes. Ce qu'il faut, c'est qu'il soit assez puissant pour créer chez l'individu « un philosophe de vie ».*

*Il ne craindra pas d'éclairer les âmes religieuses, en leur déclarant : « La foi, la piété ne deviendront des foyers d'énergie personnelle, qu'autant qu'elles seront sincères et vécues. A cette seule condition, vos sentiments religieux se transformeront en idées-forces, en émotions légitimes, inhibitrices des défaillances et des appréhensions terrestres qui barrent le chemin à vos bonnes impulsions. »*

*Pour les jeunes psychasthéniques scrupuleux, élevés dans les milieux religieux, il donnera ces avertissements dictés par une sage expérience :*

*« Méfiez-vous des extases, des rêveries mystiques, des ravissements, des unions déifiques, des petites dévotions de tendresse qui sensualisent les religions et ne raffermissent point les caractères, ne consolident pas les mentalités faussées.*

*« Les longues méditations, les examens de conscience approfondis, les confessions générales répétées ne sont point des méthodes toujours prudentes, lorsqu'elles s'adressent à des âmes déjà tourmentées par le doute et le remords : celles-ci y trouvent, au lieu d'incitations à la vertu, matière à de nouvelles ruminations, à d'autres angoisses déprimantes. Pour que les scrupuleux deviennent plus tard gens d'action et gens de bien, inspirez-leur un Idéal religieux, plus pratique, une religion plus sévère qui les soutiendra mieux dans les orages de la vie et leur apprendra à ne point se troubler devant les réalités pénibles de l'existence. »*

# INDEX BIBLIOGRAPHIQUE

ARRÉAT. — Le sentiment religieux en France, 1903, Alcan.

AUMAITRE. — Contribution à l'étude de l'hystérie religieuse. Mme Guyon, 1906-1907.

BALLET (Gilbert). — Traité de pathologie mentale.
— Hygiène du neurasthénique.
— Les affections qu'on confond souvent avec la neurasthénie (*Bulletin médical*, Paris, 1906).

BELOT. — Questions de morale.

BELOT (Malapert). — Morale sociale. Leçons professées au Collège libre des Sciences sociales.

BOURDEAU. — Pragmatisme et modernisme.

BINET. — Les idées modernes sur les enfants.

BRIDOU. — L'éducation des sentiments.

CAMUS ET PAGNIEZ. — Isolement et psychothérapie.

Congrès des médecins aliénistes et neurologistes de France. Angers, 1908. Les idées d'auto-accusation, Séglas. Les obsessions. Marie et Vigouroux.

DA COSTA GUIMARAES. — Pathologie des mystiques. Thèse, 1907-1908, Paris.

DUBOIS. — Éducation de soi-même.
— Traitement moral des psychonévroses.

DÉJERINE. — Les manifestations fonctionnelles des psychonévroses.

DUGAS. — Le problème de l'éducation.

EYMIEU. — Le gouvernement de soi-même.
— L'obsession et le scrupule.

EYMIEU. — Le naturalisme devant la science.

FLEURY (Maurice de). — Introduction à l'étude de la médecine de l'esprit.

— Le corps et l'âme de l'enfant.

— Nos enfants au collège.

— Névroses de l'enfance et problèmes d'éducation. *Bullet. de l'Acad. de Méd.*, Paris, 1905.

FIESSINGER (Ch.). — Science et spiritualisme.

GILLET. — Valeur éducative de la morale catholique.

GIMBERT. — Contribution à l'étude des psychonévroses chez les tuberculeux. *Thèse Paris*, 1906-1907.

GRÉARD. — Éducation et instruction.

GUYAU. — Éducation et hérédité.

GRASSET. — Demi-fous et demi-responsables.

— Idées médicales.

HUYSMANS. — Les foules de Lourdes.

— En route.

— A rebours.

— Là-bas.

JAMES (William). — L'expérience religieuse.

JANET (Pierre). — Les névroses.

— Les obsessions et la psychasthénie.

— La maladie du scrupule ou l'aboulie délirante. *Revue philosophique*, 1901.

L'Éducation (*Revue journ.*, 1900). Les nouveaux cours de morale sexuelle en Allemagne.

LE BON (Gustave). — Psychologie de l'éducation.

LEGOUVÉ. — Les pères et les enfants.

MOREAU. — La folie chez les enfants.

MARION (Henry). — Leçons de psychologie appliquées à l'éducation.

MURISIER. — Maladies du sentiment religieux.

NICOLAY. — Les enfants mal élevés.

PAYOT. — Morale.

— Éducation de la volonté.

PITRES ET RÉGIS. — Sémiologie des obsessions.

— Les obsessions et les impulsions.

PROAL. — L'éducation et le suicide des enfants.

POULAIN. — Des grâces d'oraison. Traité de théologie mystique.

PALHORIES. — Nouvelle orientation de la morale.

RAYMOND. — Guide des gens scrupuleux.

RÉGIS. — Manuel de Psychiatrie.

RIBOT. — Psychologie des sentiments.

RICHER. — L'art et la médecine.

SERGI. — Les émotions.

SERIEUX ET CAPGRAS. — Délire d'interprétation.

SEGLAS. — Leçons cliniques. Maladies mentales.

SIMIDOFF. — Psychasthénie. *Thèse Paris*, 1907-1908.

SOUKHANOFF. — Sur la cyclothymie et la psychasthénie et leurs rapports avec la neurasthénie. *Annales médico-psycholog.*, Paris, 1909.

THOMAS. — L'éducation dans la famille.

—    L'éducation des sentiments.

TOULOUSE. — Comment former un esprit.

VINET. — La ménopause.

CAYENNE, IMPRIMERIE CHARLES COLIN

Contraste insuffisant

**NF Z** 43-120-14

www.ingramcontent.com/pod-product-compliance
Lightning Source LLC
Chambersburg PA
CBHW072219270326
41930CB00010B/1915